Till minne av pappa
In memory of my dad

In books lies the soul of the whole Past Time.
Thomas Carlyle

Signs of Swedish Roots in North America

Signs of Swedish Roots
in North America

Nikolas Werngren

Text Editing:	Lena Oja
Translation:	Roger Paterson
Proofing:	Thomas Jansson
Cover & Graphic Design:	Pepe Henrikson
Printer:	Printing Enterprises Inc.
	New Brighton, MN 55112

Second edition
Printed in USA
ISBN 0-9609620-5-0

Preface

When Nikolas Werngren first sought me out to tell me of his forthcoming journey to 'Swedish' America, I reacted as one often does when confronted by adventurers with exotic ideas.
- He is totally insane!
- He is the wisest person alive!
I was impressed by his calm enthusiasm and by his deep curiosity for one of the most confusing eras in all of Swedish history. I admit I was also a little envious. Even though I've made 25 to 30 TV shows about the Swedish emigration to the United States, so many places were still unexplored. Nikolas was now on his way to see them.

Lund Valley in North Dakota, only a few miles from Stockholm and just inside the Canadian border. Dannemora, in upstate New York, just a few miles from another Stockholm. Not to mention Gothenburg, Nebraska, which lies further away from the ocean than any other place in the United States.

Now young Mr. Werngren is home again in "Swedish" Sweden with documentary material that is completely unique both as research and folklore, and is utterly worthy of respect.

I send my best wishes both to Nikolas and the wise person who, right now, is holding this book in his or her hand.

Förord

När Nikolas Werngren första gången uppsökte mig och berättade om sin förestående resa till det svenska USA reagerade jag som man ofta gör inför entreprenörer och upptäckare med exotiska idéer.
- Han är spritt språngande galen!
- Han är det klokaste som finns!
Och jag greps av hans lugna entusiasm och av hans djupa nyfikenhet på en av de mest omtumlande delarna i Sveriges historia.
Lite avundsjuka fanns också med i bilden. Jag som själv gjort 25, 30 TV-timmar om emigrationen till USA hade ändå missat åtskilliga platser. De skulle Nikolas nu få se.

Lund Valley i höglänta North Dakota, bara några mil från Stockholm innanför kanadensiska gränsen. Dannemora upstate New York, bara några kilometer från ett annat Stockholm. För att inte tala om Göteborg i Nebraska, beläget längre från en havskust än någon annan plats i USA.

Nu är unge Werngren hemma i det svenska Sverige igen med ett dokumentärt material som är helt unikt och som både som forskning och folklivsberättelse är värt all respekt och framgång.

Jag lyckönskar både Nikolas själv och den kloka person som nu håller denna bok i sin hand.

Lasse Holmqvist

Ett stort tack till
Sincere thanks to

Min familj, som ständigt stöttar mig och med tålamod står vid min sida.
My family for their patience, understanding, and constant support.

Fotograf **Klas Westman**, som gav mig chansen att få bli hans assistent.
Klas Westman, the photographer who gave me a chance to be his assistant.

Männen bakom månadstidningen **Lundaliv**, vilka står för min fotografiska bakgrund.
The men behind the monthly paper Lundaliv, who gave me my photography background.

Utgivaren av Nordstjernan, **Ulf Mårtenson**, som i 17 månader gav mig trygghet via E-Post.
Ulf Martenson, the publisher of Nordstjernan, who gave me encouragement via E-mail for 17 months.

Ordföranden i svenska klubben i Kansas City, Carl Carlson, för hjälpen då jag fann ett stort hål i min bakficka.
Carl Carlson, the chairman of the Swedish club in Kansas City, who helped me when I found a big hole in my pocket.

Pat Minnick i Iowa, för försäkringen då jag som bäst behövde den.
Pat Minnick, in Iowa, for fixing insurance when I most needed it.

Samtliga anställda på Amercian Swedish Institute & Swedish Council of America, Minneapolis, vilka lät mig få tillgång till en arbetsplats under min tid i Minnesota.
Various employees of the American Swedish Institute & Swedish Council of America, both in Minneapolis, who gave me access to a working area during my time in Minnesota.

"Hot Shots" i Colorado, som med sin vänlighet gjorde det möjligt för mig att övervintra.
The Hot Shots in Colorado, who, by their kindness, made it possible for me to survive the winter.

Ingvar Spånghagen, som med sina kunskaper gav mig styrka och vägledning för att lyckas slutföra detta långa och lärorika projekt.
Ingvar Spånghagen, who with his knowlege gave me the strength and direction to conclude this long and interesting project.

Innehåll
Contents

Inledning

Sveriges Amerikaemigration började i mitten av 1800-talet och under 80 år lämnade över en miljon svenskar sitt hemland. De följde varandra, antingen tvingade av svält och fattigdom, eller drivna av frestelser och utmaningar. Merparten av dem drog västerut för att söka efter "New Gottland", en plats med nytt gott land.

Epoken är inte unik; man har folkvandrat i mannaminnes tider. För oss nordbor började det förmodligen för tusen år sedan, då fullastade vikingaskepp seglade iväg för att bygga upp nya samhällen. En gång ankrade ett vikingaskepp upp utanför Normandie på franska nordkusten. Efter att ha gått i land och sonderat terrängen anlade man samhället Kvillebäck. Åtskilliga månvarv senare föddes en fransman i trakten, som i sin tur tog sig över Atlanten till Kanada. Han slog sig ned vid Saint Lawrence-floden, och precis som många andra pionjärer, använde han sin födelseort för att namnge platsen. Det blev Québec, en förfranskning av det forna Kvillebäck.

Det svenska arvet i Nordamerika är fortfarande, efter flera generationer, väldigt starkt. Speciellt om man beger sig ut på landsbygden där tiden ofta tycks löpa i ett annorlunda tempo. Man kan alltjämt finna hem där det lagas "svenska" köttbullar, "svenska" pannkakor, "svenska" kroppkakor och där det i skafferierna finns lutfisk, lingonsylt, och knäckebröd. På väggarna hänger Carl Larson-tavlor, i hyllorna finns Orreforsglas och på golven står de jättelika dalahästarna. Det finns säkert lika många i Nordamerika som i Sverige, som årligen på ett svenskt traditionellt sätt firar midsommar runt majstången.

Drygt fyra och en halv miljoner invånare i USA anser sig idag vara mer svenska än något annat. Våra rötter är viktigt, de ger oss en identitet.

Boken "Signs of Swedish Roots in North America", tar Dig med på ett annorlunda äventyr. Du kommer kanske inte att träffa på så många svenkättlingar, men dock tydliga spår som visar att de var där. I USA och Canada finns platser med svenska ortnamn som i ett finmaskigt nät täcker Sverige från Jokkmokk i norr till Malmö i söder. Även kungligheter är med i bilden; lite varstans möter man deras anrika namn som nybyggen. Det är ändå viktigt att förstå att denna sammanställning är ett urval av tusentals platser som går att härledas till Sveriges Amerikapionjärer.

Författaren önskar Dig en trevlig resa genom Nordamerika

Introduction

The emigration to North America from Sweden started in the middle of the 19th century. During the next 80 years, more than one million Swedes would leave their home country, driven out by starvation and poverty, or simply seeking a better life. Most of them went west searching for, "New Gottland," a place with new good land.

This epoch is not unique, after all, it is Swedish nature to wander. For us, in Scandinavia, it probably began a thousand years ago, when the Vikings set forth on voyages of trade and discovery. Once upon a time, one of these ships was stranded off the coast of Normandy in France. After exploring the neighborhood, the Vikings established a settlement that they called Kvillebäck, a name that would eventually be changed by the local tongue. Many moons later, a man would leave this village, cross the Atlantic and land in Canada. He would settle by the Saint Lawrence River, naming his new home after his birthplace. This town would be named Québec.

The Swedish heritage in North America is still very strong even after so many generations. This is especially true if you visit the countryside, where time seems to pass more slowly. One can still find homes where Swedish meatballs, Swedish pancakes, and Swedish potato-dumplings are made, and families who keep lutfisk, lingonberries, and hard bread in their cupboards. On their walls hang paintings by Carl Larson, Orrefors glass can be found in their living rooms, and giant Dala horses on their floors. There are surely as many people in North America as there are in Sweden who celebrate midsummer with folkdancing around the maypole.

More than four and a half million people in the United States feel that they are more Swedish than anything else. Our roots are an important part of our identity.

My purpose in writing "Signs of Swedish roots in North America" is to show these pioneering days in a different and original light. I hope I have succeeded. Not many Swedish descendants remain in the areas where I traveled, but the evidence of their having once been there is undeniable. The fact, that in the United States and Canada there are place-names that correspond to towns in Sweden, streching from Jokkmokk in the north to Malmö in the south, shows that immigrants came from all parts of Sweden. It is important to know that this book contains just a small selection from the thousands of places that were originally settled by Swedish pioneers.

The author wishes you a pleasant journey through North America

Det blev en livsstil. Med mina närmsta vänner, två Canon F1-kameror och en bärbar dator, upplevdes en fantastisk omvärld inramad av en bilruta. Först från en beige Dodge St. Regis, sedan från en Ford LTD herrgårdsvagn med påklistrad valnötspanel och plats för madrass i lastutrymmet. På vägen fanns många öppna famnar och generösa mottaganden, men också skakande huvuden som konfunderat undrade: "Vad är detta för en kufisk figur som alldeles ensam i ett bilvrak reser runt i våra hemtrakter?"

Att bejaka ödet, att uppleva horisontens oändliga rand, att få upptäcka det okända bakom varje krön och lusten att möta nya människor var drivkrafterna som förde mig 3000 mil genom 30 amerikanska delstater och 8 kanadensiska provinser.

It became a lifestyle. Accompanied by my closest 'friends,' two Canon F1's and a Powerbook, I experienced a marvelous world framed by a windshield. First from a beige Dodge St. Regis, then from a Ford LTD stationwagon with stuck-on wood panels and space for a mattress in the back.

I was welcomed by many with open arms on my travels, but there were also those who shook their heads as if to say: "What's this fool doing with his jalopy in our neighborhood?

The desire to accept destiny, to see the endless horizon, to discover something unknown behind every hill, to meet interesting characters - this was the force that drove me to make a journey of almost 20,000 miles through 30 American states and 8 Canadian provinces.

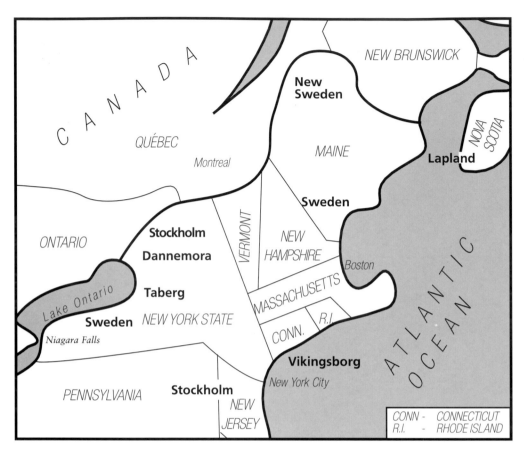

VIKINGSBORG IS A *stone mansion on Runkenhage Road outside Darien. At the end of the 19th century, the missionary Richard Tjäder settled here and decided to build a summer house.*
The name arose from his passion for Scandinavian mythology.
His daughter, Margit Tjäder, converted to Catholicism and became a Bridgettine nun.
When she eventually inherited the House, it was donated to the order of St. Bridget. Today, there are ten nuns living in the only existing Bridgettine convent in North America.

NOVA SCOTIA

LAPLAND BESTÅR AV två byggnader – en kyrka och en frivillig brandstation – som står mitt emot varandra i en skarp kurva vid väg 210. Postkontoret lades ner 1955 och det är okänt hur platsen fick sitt namn.

LAPLAND CONSISTS OF *two buildings – a church and a volunteer fire department – standing on either side of a sharp bend on Provincial Road 210. The post office was shut down in 1955 and it is not known how the place got its name.*

NEW JERSEY
• The Garden State •

STOCKHOLM LIGGER VID väg 23 i en av traktens vackraste dalgångar. Samhället var ursprungligen känt som Snufftown men fick namnet Pentauket när ett postkontor öppnades där den 18 mars 1873. Sex dagar senare ändrade man namnet igen och då till Stockholm. Ortnamnets härkomst är en gåta; det har aldrig funnits något svenskt nybygge i trakten.

STOCKHOLM IS SITUATED *on State Hwy 23 in the most beautiful valley in the area.*
The town, originally known as Snufftown, was named Pentauket when a post office was opened on the 18th of March, 1873.
Six days later the community was renamed Stockholm. The origin of the town-name is a mystery. There
have never been any Swedish settlements in the area.

CONNECTICUT
• The Constitution State •

VIKINGSBORG ÄR ETT slottsliknande kloster på Runkenhage Road utanför Darien. I slutet av 1800-talet fann missionären Richard Tjäder platsen där han bestämde sig för att bygga sitt sommarresidens. Namnet uppkom av hans passion för fornnordiska gudasagor. Dottern Margit Tjäder konverterade till katolicismen och anslöt sig till Birgittasystrarna. När hon så småningom ärvde huset skänktes det till Birgittinerorden. I dag lever tio nunnor i Nordamerikas enda St. Birgittakloster.

MAINE
• The Pine Tree State •

NEW SWEDEN LIGGER i nordligaste Maine och är ett distrikt med flera svenska geografiska namn.
Den amerikanske konsuln i Göteborg, W. W. Thomas, anlände 1870 till New Sweden med 51 handplockade svenskar, samtliga utvalda för sina särskilda yrkeskunskaper.
30 år senare fanns över 1 400 svenskar i trakten. Förutom New Sweden kan man besöka Sweden, som har två kyrkor och en bilfirma; Stockholm

med bensinstation och ett sommaröppet museum; Westmanland där det endast finns ett stadshus kvar och Jemtland som i dag är en liten skogsväg.

NEW SWEDEN, IN northern Maine, is a township and an area where several Swedish geographical names exist. In 1870 W.W. Thomas, the American consul in Gothenburg, arrived in New Sweden with 51 carefully selected Swedes with different trades. Thirty years later, there were 1,400 Swedes living in the area. Apart from New Sweden, one can also visit Sweden, which has two churches and a car repair shop; Stockholm with a gas station and a museum open in summertime; Westmanland where all that remains is a Town Hall, and Jemtland, where the only existing trace is a track in the woods.

SWEDEN GRUNDADES 1813 och hade skogsavverkning som sin viktigaste inkomstkälla, då engelska flottan använde traktens "redwood" till att bygga örlogsfartyg. Storhetstiden är nu svunnen. Kvar vid väg 93 står en kyrka, ett stadshus och en brandstation. Eftersom även Denmark och Norway ligger i området fick platsen förmodligen sitt namn för att locka skandinaviska nybyggare till trakten.

SWEDEN WAS FOUNDED in 1813 and had a thriving industry based on the sale of local redwood to the.English navy. Today, little remains to remind us of those glory days, and this small community on Hwy 93 consists only of a church, a town hall, and a volunteer fire department. As one can also visit a 'Denmark' and 'Norway' in this area, it is thought that the name Sweden was used to attract Scandinavian settlers.

NEW YORK
• The Empire State •

DANNEMORA HAR 4 000 invånare och ligger i nordöstra delen av Adirondack-bergen. I det annars fridfulla samhället bryts tystnaden vid lunchtid, då ett intensivt sirentjut ljuder bakom fängelsemuren längs med huvudgatan. Det var general B.L. Skinner, ägaren till Fairbanks Mine, som av sitt stora intresse för svensk gruvdrift bestämde 1850 att platsen skulle heta Dannemora.

DANNEMORA, WITH 4,000 inhabitants, is situated in the northeastern part of the Adirondack Mountains. In an otherwise quiet town, the peace is broken at meal times by the sound of a dinner-siren from behind the prison walls on Main Street. General B. L. Skinner, who was very interested in Swedish mining techniques and the owner of Fairbanks Mine, decided in 1850 that the place was to be named Dannemora.

STOCKHOLM HAR TVÅ bensinstationer och ligger mitt i skogen vid väg 11. I regionen finns även Stockholm Center, West Stockholm och North Stockholm. Detta township* grundades redan 1806 och är förmodligen det äldsta med svenskt ortnamn kartlagt i Nordamerika. Det går att härleda namnet till en svensk lantmätare som kom från Sveriges huvudstad.

STOCKHOLM HAS TWO gas stations and is located in the middle of the woods on Hwy 11. In this region one can also find Stockholm Center, West Stockholm, and North Stockholm. The township was founded in 1806 and is probably the oldest settlement, with a Swedish name, to be documented in North America. One can trace the name to a surveyor, originally from the Swedish capital.

SWEDEN ÄR ETT township knappt 30 km väster om Rochester. Enda tecknet på dess existens är en skylt uppsatt till minne av första stads-mötet 1813. Det är osäkert hur platsens namn uppkom, men förmodligen ville man även här locka svenska nybyggare till trakten.

SWEDEN IS A TOWNSHIP about 19 miles west of Rochester. The only existing sign is a plaque commemorating the first town meeting in 1813. It is unsure how the place got the name, but probably, even here, it was an attempt to attract Swedish pioneers to the area.

TABERG, VID VÄG 69 strax nordväst om Rome, hade en gång åtta hotell och en fabrik (Oneida Glass & Manufacturing Company) där man tillverkade handgranater och bomber. 1809 bestämdes det att platsen skulle namnges efter en gruvstad i Sverige, ingen vet varför. I stället för krigsmateriel, kan man i dag investera pengar i nya femrums mobil homes.

TABERG, LOCATED ON State Hwy 69 just northwest of Rome, once had eight hotels and a factory, which produced hand grenades and bombs (the Oneida Glass & Manufacturing Company). The community was named in 1809 after a Swedish mining town; nobody knows why. Today, instead of munitions, one can buy five room mobile homes.

---

*Township, ung. kommun

Darien, CONNECTICUT

Vikingsborg var en gång sommarresidens åt en svenskluthersk missionär. I dag härbärgerar det tio systrar ur Birgittinorden, som endast en gång om året får bege sig utanför murarna. Den dagen brukar Systrarna Ines, Helen, Elisa, Cristina, Eunice, Moder Maria Elena, Sarah, Priscilla, Cecilia och Rachael anordna utflykt med stor picknickkorg till grönområdet strax intill.

Vikingsborg was once the summer house of a Swedish Lutheran missionary. Today it houses ten sisters of the St Birgittine order, who are allowed to leave the premises just once a year. Usually, on that day, the Sisters Ines, Helen, Elisa, Cristina, Eunice, Mother Maria Elena, Sarah, Priscilla, Cecilia, and Rachel arrange a big picnic in a nearby park.

Sweden, MAINE.

Philip Richards är både författare och fri-
villig brandman och bor vid Webber Pond
alldeles bakom brandstationen. Han har
skrivit en bok om traktens historia, men
kan tyvärr inte förklara varför detta
Sweden döptes till Sweden.

*Philip Richards is both a writer and a
volunteer fire fighter who lives by Webber
Pond just behind the fire department. He
has published a book about the local
history but, unfortunately, cannot explain
why this Sweden is so named.*

Taberg, NEW YORK

Stockholm, NEW YORK

Sweden, NEW YORK.

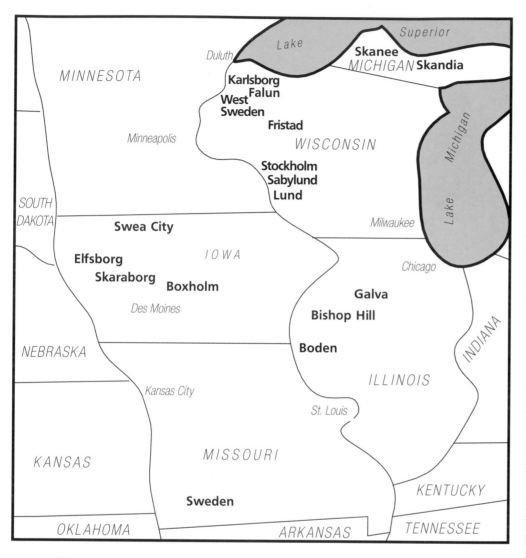

i trakten 1871 och började hugga timmer. Med tiden kom allt fler svenskar och ett postkontor öppnades med Been som postmästare. Han skötte posthanteringen fram till 1907, då en skenande häst blev hans död.

SKANEE, NEXT TO Keweenaw Bay Indian Reservation by Lake Superior, is at the end of the road that leads north from L'Anse. Valfrid Been, a mariner from Hälsingborg in Skåne, settled in 1871 and started to work as a lumberjack in the area. More and more Swedes arrived and Valfrid Been became postmaster. He took care of the mail until a runaway horse caused his untimely death in 1907.

WISCONSIN
•The Badger State•

FALUN LIGGER VID väg 70 mellan Siren och Grantsburg. Dalmasarna S. Anderson, P. Anderson, A. G. Anderson, A. Olson och P. O. Peterson var de första som 1870 anlände till trakten. När ett postkontor öppnades 1894 bestämde man att det skulle heta Falun. Det fanns sex Johansson i trakten och för att undvika förväxlingar mellan familjerna använde man smeknamnen "Den Store", "Lille Fred", "Johnson i skogen", "Lax Louis", "Bom Kalle" och "Kalle Dank".

FALUN LIES BY road 70 between Siren and Grantsburg. The first settlers here in 1870 were S. Anderson, A. Olson, P. Anderson, A. G. Anderson and P. O. Peterson, all from Dalarna.
When a post office opened in 1894, the town was named Falun. There were six families named Johansson in the area and, to avoid confusion, each family was given a nickname; "Den Store" (The large one), "Lille Fred" (Little Fred), "Johnson i skogen" (Johnson in the woods), "Lax Louis" (Salmon Louis), "Bom Kalle" (Gate Kalle), and "Kalle Dank" (Lazy Kalle).

MICHIGAN
•The Wolverine State•

SKANDIA ÄR EN liten sovstad sydväst om Marquette. De första pionjärerna som bosatte sig i trakten 1873 var Anders Höglund från Tunhem i Västergötland och Gustaf Hjalmar Bahrman från Göteborg. Fyra år senare när järnvägen anlades hade redan många andra svenskar anlänt. Efter ett möte i Bahrmans stuga bestämdes det att järnvägsstationen och det nya postkontoret skulle heta Skandia.

SKANDIA IS A commuter town southwest of Marquette. Anders Höglund from Tunhem, Västergötland, and

Gustaf Hjalmar Bahrman from Gothenburg, were the first pioneers here in 1873. By the time the railway came, four years later, several other Swedes had already arrived. A meeting was held in Bahrman's cottage and it was decided to name the railway station and the new post office Skandia.

SKANEE, INTILL indianreservatet Keweenaw Bay vid Lake Supcrior, ligger i slutet av vägen som leder norrut från L'Anse. Det var sjökaptenen Valfrid Been från Hälsingborg som slog sig ner

FRISTAD KYRKOGÅRD ligger strax väster om Centuria. 1909 grundades församlingen som namngavs på förslag av pastor G. Rast från Fristad i Västergötland. En skylt vid begravningsplatsen kungör att man varken får plantera träd, buskar eller placera konstgjorda blommor efter den 1 juni, utan att först rådfråga Fristad kyrkogårdsförvaltning.

FRISTAD CEMETARY IS located just west of Centuria. The congregation was founded in 1909 and named at the suggestion of Pastor G. Rast, from Fristad parish in Västergötland. A sign in the cemetary proclaims that: 'It is forbidden to plant trees or bushes, or place artificial flowers on graves after 1st of June, without first consulting the Association of Fristad Cemetary.'

KARLSBORG KYRKOGÅRD ligger vid en grusväg 5 km norr om Falun. Utöver begravningsplatsen finns ett fåtal gårdar kvar i detta vackert lummiga område. Det är okänt hur platsens namn uppstod.

KARLSBORG CEMETARY IS located by a gravel road 3 miles north of Falun. Apart from the graveyard, there are still a few farm houses in this very pretty area. It is unknown how the place got its name.

LUND LIGGER I NÄRHETEN av både Stockholm och Sabylund kyrka. Med trettiotalet invånare i samhället finns, förutom en kooperativ handelsbod, en bokhandel som endast har öppet på helger under sommaren. Våren 1858 anlades ett postkontor, som stängdes sju år senare för att återigen öppnas 1881. 1907 lades det ner för gott. Det är ovisst hur ortnamnet kom till, men det kan kanske härledas med hjälp av kyrkoboken i samhället. På dess första sida står det skrivet "Marielund".

LUND IS CLOSE to both Stockholm and Sabylund church. This town with almost 30 inhabitants has, apart from

a co-op, a bookstore which is open for business only on summer weekends. A post office was opened in the spring of 1858, but was shut down seven years later. It reopened in 1881 and finally closed in 1907. It is unknown how the place got its name, but a clue can be found in a parish register book in town. On the first page is written "Marielund."*

SABYLUND FÖRSAMLING grundades 1868 och har en ståtlig stenkyrka med en lika vacker allé. Förmodligen valdes namnet efter Säby i Visums socken i Värmland, och efter samhället Lund, som ligger intill platsen där kyrkan byggdes.

SABYLUND CONGREGATION, founded in 1868, has an impressive stone church with an equally beautiful allée, five miles east of Stockholm. It was probably named after Säby in Visums parish, Värmland, and the town of Lund, which is located not far from the site where the church was to be built.

STOCKHOLM, MED SINA 89 invånare, är ett anrikt samhälle vid Mississippifloden. Traditionen berättar att Eric Peterson från Karlskoga klättrade år 1852 upp på klippan Maiden Rock och såg platsen där han ville slå ned sina bopålar. Efter ett besök i hemlandet återvände han med flera landsmän till sin favorittrakt och tillsammans anlade man nybygget Stockholm. 1938 kom kronprins Gustav Adolf med gemål och prins Bertil på ett kort besök.

STOCKHOLM, WITH 89 inhabitants and situated by the Mississippi river, has a rich history. According to tradition, Eric Peterson from Karlskoga, Värmland, first caught sight of the place where he wanted to settle when he climbed Maiden Rock in 1852. After a short visit to Sweden, many of his compatriots returned with him to this favorite place. A town was founded and named after the capital of

Sweden. Crown Prince Gustav Adolf, his consort, and Prince Bertil came for a short visit in 1938.*

I WEST SWEDEN, vid väg 48, finns endast en kyrka och en bar. I trakten bosatte sig många dalmasar, dalslänningar och värmlänningar. Bland dem fanns även Aron Edström, en framstående journalist som skrev om det svenska pionjärlivet på 1860-talet.

WEST SWEDEN, ON State Hwy 48, has only a church and a bar. Those who settled in the area came from the provinces of Dalsland, Värmland, and Dalarna. Among them was a well known journalist named Aron Edström who, during the 1860s, chronicled the Swedish pioneer life.

ILLINOIS
· The Prairie State ·

BISHOP HILL LIGGER strax väster om Galva och är ett samhälle där flera av de ursprungliga husen är bevarade. "Profeten" Erik Jansson, från Biskopskulla, Uppland, grundade Bishop Hill 1846 med strävan att skapa en oberoende koloni. Man tryckte egna sedlar och planerade att bygga en mur kring staden, men osämja bland de 700 anhängarna ledde till att Erik Jansson mördades 1850. Tio år senare upplöstes kooperativet.
I dag bor det 131 personer i det kulturminnesförklarade samhället där man kan besöka Vasaordens Nationalarkiv, köpa salt lakrits och röda dalahästar.

BISHOP HILL, SITUATED just outside Galva, is a town with several of the original houses preserved. The "Prophet" Erik Jansson, from Biskopskulla, Uppland, founded the community, striving for a high level of independence. They printed their own money and started to build a wall around the town, but serious disagree-
continued on p. 30

Falun, WISCONSIN

West Sweden, WISCONSIN

Missionären Frank Holmes är chippewa-
indian. Han reser runt med sin gitarr och
besöker traktens indianreservat. Som barn
lärde han sig svenska i söndagsskolan i
Falun och kan än i dag sjunga "O Store
Gud" på knackig svenska.

*Missionary Frank Holmes is a Native
American of the Chippewa tribe. He travels
the area with his guitar performing on the
Indian reservations. He can still sing "How
Great Thon Art" in the halting Swedish
that he remembers learning as a child at
Sunday school in Falun.*

ments among the 700 followers ended with Jansson´s murder in 1850. Ten years later, the cooperative was dissolved. Today, 131 inhabitants live in the preserved community, where one can visit the National Archives of the Vasa Order of America, buy salt licorice, and Swedish Dala horses.

BODEN KÄNNER FÅ människor till, men frågar man efter "Dogtown" är det lätt att få en vägbeskrivning. I samhället, vid väg 67, finns en bilverkstad och ett tjugotal hus, samtliga med en hundkoja på tomten. Lokalbefolkningen vet att berätta att Boden växte upp kring en kolgruva i slutet av 1800-talet, men hur platsen fick sitt namn vet man ej.

FEW PEOPLE KNOW the location of Boden, but ask for directions to "Dogtown," and it is easy to get there. In this community located by State Hwy 67, there is a car repair shop and some twenty homes, all with a dog house in the yard. According to the locals, the town grew up around a coal mine at the end of the 19th century, but the origin of the name Boden is a mystery.

GALVA ÄR BYGDENS handelscentrum med ca 2 700 invånare och ligger vid väg 34. Olof Johnson från Söderdala i Hälsingland var en religös ledare från Bishop Hill och grundade samhället 1855. Året därpå när ett postkontor anlades föreslog han ortnamnet Gefle, men de engelsktalande nybyggarna hade svårigheter med uttalet så det ändrades senare till Galva.

GALVA, A BUSINESS center with 2,700 inhabitants, is located on Hwy 34. Olof Johnson from Söderdala, Hälsingland, was a community leader from Bishop Hill, and founded the town in 1855. When a post office was established, he suggested the name Gefle, but the English-speaking settlers had problems with the pronunciation, so they changed it to Galva.

MISSOURI
·The Show Me State·

SWEDEN LIGGER 16 km sydost om Ava och fick sitt namn då ett postkontor anlades 1896. Hur namnet uppstod är ovisst. I dag finns endast en bensinstation och en vägskylt, med Sweden skrivet på båda sidor.

SWEDEN, LOCATED 10 miles southeast of Ava, was named when a post office opened in 1896. It is unknown how the place got its name. Today, there is only a gas station and a road sign with Sweden written on both sides.

IOWA
·The Hawkeye State·

BOXHOLM LIGGER VID väg 169 och har 214 invånare. På huvudgatan kan man besöka Westeens Café där specialiteten är en kopp kaffe med en tallrik jordgubbspaj. John Anderson från Ekeby socken i Östergötland bestämde 1887 att samhället skulle heta Boxholm när han som förste postmästare öppnade ett postkontor i staden.

BOXHOLM, SITUATED ON Hwy 169, has a population of 214. On the main street you can find Westeen´s Café, where the specialty is strawberry pie and coffee. John Anderson from Ugglehult in Ödeshög parish, Östergötland, became the first postmaster in 1887 and decided to call the community Boxholm.

ELFSBORG KYRKA HAR knappt 200 medlemmar och ligger 7 km norr om staden Pomeroy. 1869 anlände de första svenska pionjärerna från Fort Dodge. Några år senare grundade man en svenskluthersk församling och namnet Elfsborg valdes eftersom de flesta nybyggarna kom från Älvsborgs län i Västergötland.

ELFSBORG CHURCH, WITH a congregation of about 200, is situated 4 miles north of Pomeroy. The first Swedish pioneers arrived from Fort Dodge in 1869. Some years later, a Swedish Lutheran congregation was founded. The name Elfsborg was chosen because the majority of the settlers came from Älvsborg county in Västergötland.

SKARABORG FÖRSAMLING grundades utanför Rockwell City 1882. Det enda som i dag återstår av kyrkan och dess församling är kyrkogrunden, där det i dag står ett boningshus; en kyrkobok på svenska och ett fåtal inhägnade gravstenar på en åker.

SKARABORG CONGREGATION was founded in 1882 outside Rockwell City. Where the church once stood, today stands a farmhouse. The only remnants of the congregation are a parish register book written in Swedish and a small graveyard.

SWEA CITY ÄR omgärdat av vidsträckta majsfält. Inflyttningen till området började 1875 under ledning av kaptenen och baptistprästen R.E. Jeanson från Karlskrona. När järnvägen anlades 1893 byggdes en station och ett postkontor som fick namnet Swea City. I dag bor det 634 invånare i samhället som ligger vid väg 9, en och en halv mil söder om Minnesotagränsen.

SWEA CITY, SURROUNDED by vast cornfields, is located on State Hwy 9, nine miles south of the Minnesota border. The colonization of the area was begun, in 1875, by the Swedish captain and Baptist preacher R.E. Jeanson from Karlskrona in Blekinge. A train station and a post office were built and named when the railway came in 1893. Today, Swea City has 634 inhabitants.

Karlsborg, WISCONSIN

Sorgen lever kvar efter hustrun som ligger begravd på Karlsborg kyrkogård. I dag bor Elwood Olson ensam med 16 mjölkkor och två gröna Ford-traktorer. Han är stolt över att aldrig ha behövt hyra in hjälp för arbetet på gården, som han övertog efter sin far.

Still mourning his wife, who lies buried in Karlsborg Cemetary, Elwood Olson lives by himself with 16 dairy cows and two green Ford tractors. He is proud to have never needed any hired help to work on the farm that he inherited from his father.

31

Boden, ILLINOIS

Så långt tillbaka man kan minnas har de
bofasta tagit hand om alla sorters byrackor.
Okända människor stannar fortfarande till
i "Dogtown" för att släppa av hundar som ej
längre är önskvärda.

*For as long as one can remember, the locals
have been taking care of all kinds of stray
dogs. Strangers still stop in "Dogtown" to
drop off their unwanted pets.*

Lund, WISCONISIN

Arnie Johns är byggnadsarbetare och ranch-
ägare. Inne i timmerstugan är väggarna
klädda med jakttrofeér och på golvet i
vardagsrummet står hans mest värdefulla
klenoder - tre uppstoppade bergsgetter.

*Arnie Johns is a construction worker and a
ranch owner. The walls in his log cabin are
covered with hunting trophies. On the floor
in his living room stands a collection of his
greatest treasures - three stuffed mountain
goats.*

Sweden, MISSOURI

Swea City, IOWA

Denne liftare återvände aldrig till sitt normala liv efter hemkomsten från Vietnam. Resan fortsatte genom USA:s alla stater. Med sina få ägodelar är han nu på väg norrut mot Minneapolis där det finns en vän som han inte har sett på väldigt länge.

This hitchhiker has never returned to a 'normal' life after coming back from Vietnam. His travels continued throughout the United States. With his few posessions, he is now on his way north toward Minneapolis, where there is a friend he hasn't seen for a long time.

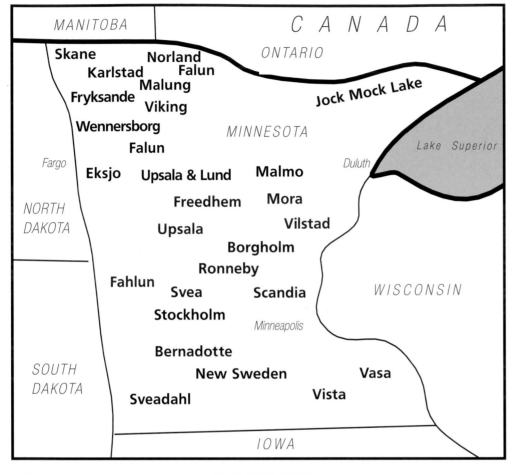

Map labels:
MANITOBA
CANADA
ONTARIO
Skane   Norland
Karlstad   Falun
    Malung
Fryksande   Viking   Jock Mock Lake
Wennersborg   MINNESOTA
    Falun   Lake Superior
Fargo   Duluth
Eksjo   Upsala & Lund   Malmo
NORTH   Freedhem   Mora
DAKOTA   Upsala   Vilstad
    Borgholm
    Ronneby   WISCONSIN
Fahlun   Svea   Scandia
    Stockholm
    Minneapolis
    Bernadotte
SOUTH   New Sweden   Vasa
DAKOTA   Vista
Sveadahl
IOWA

MINNESOTA
· The Gopher State ·

BERNADOTTE, VID VÄG 1 i Nicollet County, har två bostadshus och en av delstatens äldsta svensklutherska stenkyrkor. Förmodligen var det bröderna Charles och Gustaf Larsson från Otterstad i Västergötland som, när ett township skulle namnges 1869, föreslog namnet Bernadotte för att hedra kung Karl XV. Folke Bernadotte kom på ett kort besök 1933.

BERNADOTTE, ON Nicollet County Road 1, has two houses and one of the oldest Swedish Lutheran stone churches in the state.
It was most probably brothers Charles and Gustaf Larsson from Otterstad, Västergötland, who in 1869 suggested the name Bernadotte to honor King Karl XV.
In 1933 Folke Bernadotte paid the town a short visit.

BORGHOLM KYRKOGÅRD ligger i en liten skogsdunge vid väg 23 mellan Ronneby och Mora.
Förutom gravplatsen återstår endast några hus av samhället, som grundades av ölänningar i slutet på 1800-talet.

BORGHOLM IS SITUATED on State Hwy 23 between Ronneby and Mora. Nothing but a graveyard remains of the community that was founded by settlers from Öland at the end of the 19th century.

EKSJO KYRKA LIGGER alldeles intill motorvägen mellan Detroit Lakes och Fargo. Svenskarna i staden Lake Park slöt upp 1871 och grundade Eksjo församling.
Namnet kom av det stora antalet ekar som stod vid strandkanten på platsen där kyrkan skulle byggas.

EKSJO CHURCH IS located on the highway between Detroit Lakes and Fargo. This Swedish congregation was founded near Lake Park in 1871, and the name was chosen because of the abundance of oak trees by the lake where the church was to be built (ek=oak, sjö=lake).

FAHLUNS STADSHUS ÄR bländande vitt och står allena mitt bland majsfälten, cirka 20 km sydöst om Willmar. 1877 skickade man runt en skrivelse i trakten med skriften: "Namnen på alla de, vilka önska, att den nya 'Town' skola heta Fahlun". Den blev undertecknad av 17 nybyggare, varav 11 kom från Dalarna.

FAHLUN TOWN HALL, 12 miles southeast of Willmar, stands alone, blinding white, and surrounded by cornfields. In 1877 a petition was circulated with the heading: "Sign here, all those who wish this town to be named Fahlun." Of the 17 settlers who signed, 11 came from Dalarna.

FALUN GRÄNSAR TILL Malung och är ett township med några enstaka gårdar utspridda i nejden.
Postkontoret var i bruk mellan 1901 och 1916 med Louis Larsson, från Malung i Dalarna, som postmästare. Det är svårt att föreställa sig att denna plats, med sina milsvida vyer, en gång täcktes av ogenomtränglig snårskog.

FALUN TOWNSHIP LIES on the outskirts of Malung and is a farming community spread out on the plain. Louis Larsson from Malung,

Dalarna, was the postmaster when the post office was open between 1901 and 1916. It is hard to imagine that this barren landscape, where one can see for miles, was once covered with impenetrable brushwood.

FALUN KYRKA STÅR strax öster om Alexandria. Församlingen grundades 1871 hemma hos Mauritz Johnsson, född i Dalarna. Med pompa och ståt invigdes kyrkans orgel 1912. 82 år senare fick man rinnande vatten och nästa projekt blir att installera toaletter i kyrkobyggnaden.

FALUN CHURCH IS just east of Alexandria. The congregation was founded in 1871 in the home of Mauritz Johnsson from Dalarna. The pipe organ was dedicated with pomp and splendor in 1912, but it has taken another 82 years for the church to install running water. Their next project is to build restrooms.

FREEDHEM LIGGER VID väg 44 cirka 20 km norr om Little Falls och Charles Lindberghs State Memorial Park. De två första nybyggarna som kom till trakten var Samuel Bloom och J. P. Winterquist. Med tiden anlände allt fler pionjärer, huvudsakligen från Östergötland och Småland. 1902 öppnades ett postkontor som åtta år senare lades ner.

FREEDHEM IS SITUATED on County Road 44 about 12 miles north of Little Falls and Charles Lindbergh State Memorial Park. The first settlers in the area were Samuel Bloom and J. P. Winterquist. In time, more and more Swedish pioneers moved in, mostly from Östergötland and Småland. A post office, opened in 1902, was closed only eight years later (Freedhem= Sw. for Fridhem- home of peace).

FRYKSANDE ÄR EN kyrkogård 30 km väster om Alexandria. De första

nybyggarna från Värmland anlände till trakten runt 1870. Församlingen organiserades tillsammans med norrmännen som fanns i grannskapet. Man samsades om både präst och kyrka, men gudstjänsterna hölls vid olika tidpunkter. Vid jordfästningar begrovs svenskarna på den södra, medan norrmännen fick ligga på den norra sidan av kyrkogården.

FRYKSANDE IS A cemetary 18 miles west of Alexandria. The first settlers from Värmland arrived in the 1870s. The congregation was founded together with the Norwegians in the neighborhood. They shared the church and pastor, but held services at different hours. Swedes were buried in the southern part and Norwegians in the northern part of the cemetary.

JOCK MOCK LAKE ligger i Boundary Waters National Canoe Area som är ett myggens paradis. Med båt vid ett annat vattendrag kan man även finna Jock Mock Bay och Jock Mock Point.
Det var skogshuggaren och fiskaren Gustav Hagberg, alias "Jokkmokk," som fram till sin död 1924 bodde ensam i en liten stuga vid Jock Mock Lake.

JOCK MOCK LAKE is found in Boundary Waters National Canoe Area, which is a haven for mosquitoes and tourists. By boat, on a nearby watercourse, one can also find Jock Mock Bay and Jock Mock Point. The lumberjack and fisherman Gustav Hagberg, alias "Jockmock," lived by himself in a small cabin by Jock Mock Lake until his death in 1924.

KARLSTAD, VID VÄG 59, har en möbelaffär med en kundkrets som täcker en yta av 80 kvadratkilometer. De första pionjärerna anlände i slutet av 1880-talet, men inte förrän 1904 när järnvägen anlades fick platsen sitt

namn. Stationen byggdes på C. A. Karlssons ägor och blev delvis uppkallad efter honom själv. I dag lever 881 invånare i samhället.

KARLSTAD, SITUATED BY Hwy 59, has a furniture store that serves customers over an area of 50 square miles. The first pioneers arrived in the late 1880s, but the town was not named until 1904 when the railroad arrived. The train station was named partly in honor of C. A. Carlsson on whose property it was built.

I MALUNG, STRAX söder om Roseau, står den gamla skolan bara ett stenkast från den nya, där orginalklockan hänger likt ett monument vid ingången. Lars Hedin från Malung i Dalarna var en av de första pionjärerna som 1889 kom till trakten. Sex år senare blev A. M. Pearson postmästare när ett postkontor öppnades. Ett fåtal norrmän och en irländare tilläts bo i detta annars mycket svenska samhälle.

IN MALUNG, JUST south of Roseau, the first schoolhouse stands a stone´s throw from the new one, where the original school bell is kept as a memorial beside the entrance. Lars Hedin from Malung in Dalarna was one of the first pioneers to come to the area in 1889. A. M. Pearson was the first postmaster when a post office was opened six years later. Some Norwegians, and even an Irishman, were permitted to live in this otherwise very Swedish town.

I MALMO SAMLAS varje år hundratals turister för att njuta av natursköna Mille Lacs Lake. De svenska nybyggarna som runt 1880 slog sig ner i trakten hade svårt att enas om ett namn. Det sägs att en irländare kom van-

forts. sid. 42

Ronneby, MINNESOTA

Borgholm, MINNESOTA

David Wilson var en gång borgmästare för Ronnebys 56 invånare. I dag äger han, och bor mittför samhällets enda rörelse, en bar. Någonstans där hemma finns en "gulnad" inbjudan till Ronnebys 500-års jubileum i Sverige. Det blev aldrig av att David reste dit.

David Wilson was once the mayor of Ronneby, a town with 56 inhabitants. Today, he owns, and lives across from, the town´s only business, a bar. Somewhere at home he has a faded invitation to Ronneby´s 500th anniversary in Sweden. Unfortunately, he never got around to making the trip.

Peter Johnson saknar sin bästa vän som omkom i en bilolycka och är begravd på Borgholms kyrkogård. Framför gravstenen har han tänt en ljuslykta och lagt ett fång röda rosor.

Peter Johnson misses his best friend, who died in a car accident and is buried in Borgholm cemetary. He has lit a lamp and put an armful of red roses on his grave.

Sveadahl, MINNESOTA

drande längs med sjön, tog fram en Sverigekarta, pekade och sa: "Varför inte kalla ert nya hem för Malmö? Det ligger vid vatten precis som denna plats!". Med de orden lämnade irländaren svenskarna. När ett postkontor öppnades 1889 fick platsen namnet Malmo.

MALMO ATTRACTS HUNDREDS of tourists each year who are drawn by the beauty of nearby Mille Lacs Lake. The Swedes who settled here around 1880 had difficulties agreeing on a name for the area.
The story goes that an Irishman came wandering by the lake one day, looked at a map of Sweden, and said: "Why not call your new town Malmö, because that's by water just like this place?" With these words, he departed.
When a post office opened in 1889, the town was named Malmo.

MORA MED DRYGT 2 900 invånare organiserar årligen ett Vasalopp med tusentals skidåkare.
Enligt sägnen arbetade många dalmasar vid The Great Northern Railroad när järnvägen drogs fram genom trakten. Postmästaren vid järnvägsbygget, M. R. Kent, undrade en dag vad "Mora" på breven till hemlandet betydde. Då förklarade männen stolt att det var den vackraste platsen i hela Sverige.
1882 bestämde M. R. Kent att en station vid spåret skulle heta Mora.

MORA, A TOWN of 2,900 inhabitants, organizes a Vasalopp that attracts thousands of skiers every year. According to tradition, many of the workers who built the Great Northern Railroad came from Dalarna. M. R. Kent, the company postmaster, had been curious about the meaning of the word "Mora" written on their letters home. The proud Swede told him that it was the most beautiful place in the

whole of Sweden. In 1882, Kent decided to name a railway station Mora.

NEW SWEDEN, VID väg 22, består av två hus och ett minnesmärke som hedrar Samuel Haugdahl för hans enastående kunskaper i konsten att framställa smör.
1864 blev svenskarna fler än norrmännen och majoriteten bestämde namnet på deras township.
Tjugo år därefter öppnades ett postkontor med Olof Quist som postmästare. New Sweden-mejeriet var i bruk mellan åren 1898 och 1972.

NEW SWEDEN, BY State Hwy 22, has two houses and a plaque commemorating Samuel Haugdahl's exceptional skill in butter-making. In 1864 the Swedish population outnumbered the Norwegians and the majority decided the name of the township.
Twenty years later, a post office opened with Olof Quist as the postmaster.
The New Sweden Creamery Association was in business between 1898 and 1972.

I NORLAND, 25 km väster om Roseau, står en liten kyrka omgärdad av tät snårskog. Det sägs att nio av tio pionjärer som bosatte sig i trakten kom från Västerbotten.
1913 organiserades ett township och man valde namnet Västerbotten, men amerikanerna i området hade problem med uttalet, så man tvingades ändra det till Norland.

IN NORLAND, 18 miles west of Roseau, there is a small Lutheran church out in the brushwood. It is said that 90 percent of the first settlers came from Västerbotten. When the township was founded in 1913, it was named Västerbotten, but the Americans had problems with the pronounciation, so it was renamed Norland.

RONNEBY LIGGER VID väg 23 och har 56 invånare. Det var Alfred Carlsson som under depressionen 1893 begav sig från Minneapolis ut på landsbygden och fann platsen där han slog sig ner.
Fyra år senare fick samhället sitt namn när Peter Lindquist från Ronneby i Blekinge öppnade postkontor i sin handelsbod.

RONNEBY HAS 56 inhabitants and is situated on Hwy 23. Alfred Carlsson was the first to settle here, after leaving Minneapolis during the depression of 1893.
The town was named four years later when Peter Lindquist, from Ronneby, Blekinge, opened a post office in his grocery store.

I SCANDIA, 20 KM söder om Lindstrom, har en Gammelsvenskby blivit uppbyggd av de första pionjärernas timmerstugor. Längs med samhällets huvudgata hänger dalahästar från lyktstolparna.
Platsen fick namn 1878 då ett postkontor öppnades i trakten med Johan Jonasson som postmästare.

SCANDIA, 12 MILES south of Lindstrom, has preserved a collection of the first pioneer's logcabins, called 'Gammelsvenskby'(old Sw. town). Dala horses hang from every lamppost along Main street. The town was named in 1878, when a post office opened. Johan Jonasson was the first postmaster.

SKANE LIGGER I Red River-dalen och är ett township med svart, bördig lerjord.
1879, när järnvägen till St. Vincent var färdig, anlände skåningen Lars Mattsson och hans släkting Nils Hansson till området.
Förutom Skane finns även township som Svea och Tegner i trakten. Distriktet påminner väldigt mycket om Sveriges sydligaste landskap.

SKANE IS A township built on the rich, black soil of the Red River valley. Lars Mattsson and his close relative, Nils Hansson, from Skåne arrived in the area when the railroad finally reached St. Vincent in 1879. Townships named Svea and Tegner can also be found in this district, reminiscent of Skåne, Sweden's most southerly province.

STOCKHOLM MED KYRKA gömmer sig i ett böljande landskap 25 km sydöst om Litchfield.
De första svenskarna i trakten, John Brown, Swan Swanson och Andrew Johnson, bosatte sig här 1862.
Ett township organiserades fyra år senare och fick namn efter Sveriges huvudstad. John Mellquist var den förste postmästaren vid postkontoret som existerade fram till 1903.

STOCKHOLM AND ITS church are almost hidden by rolling hills 15 miles southeast of Litchfield.
The first Swedish settlers here were John Brown, Swan Swanson, and Andrew Johnson in 1862. Four years later a township was founded and named after the Swedish capital. John Mellquist became the first postmaster of the post office, which closed in 1903.

SVEA ÄR EN liten sovstad 16 km söder om Willmar. På huvudgatan kan man inhandla bildelar på Auto Body och få sin bil lagad på Dick's Repair Shop.
1870 grundades församlingen Svea. Tjugoett år senare, när ett postkontor öppnades, övergick namnet till samhället.
Förste postmästare var den framgångsrike bonden och lokale politikern Nils Nilsson från Hörby i Skåne.

SVEA IS A small town 10 miles south of Willmar.
On the main street you can buy car parts at "Auto Body" and have your car fixed at "Dick's Repair Shop."
In 1870 a Swedish Lutheran congregation was founded and named Svea. Twenty-one years later, when a post office opened, the name was adopted by the community.
A successful farmer and local politician, Nils Nilsson from Hörby in Skåne, was the town's first postmaster.

SVEADAHL ÄR EN spökstad 15 km norr om St. James. Samhället grundades 1869 av nybyggare från Västergötland, Småland och Skåne. I början fick man använda präriegräs som bränsle och se gräshoppor förstöra vårsådden. Pionjärerna uthärdade de första motgångarna och grundade Svea Dal, en svensk kyrkoförsamling som senare splittrades till Sveadahl och West Sveadahl.

SVEADAHL IS A ghost town 9 miles north of St. James. The community was founded in 1869 by pioneers from the provinces of Västergötland, Småland, and Skåne.
Early settlers, their crops destroyed by plagues of grasshoppers and with only prairie grass to burn as fuel, persevered and founded a congregation, Svea Dal, that later divided, becoming Sveadahl and West Sveadahl.

UPSALA & LUND är två kyrkor i trakten norr om Detroit Lakes.
Upsala församling grundades 1871 och sägs ha fått sitt namn därför att traktens kullar påminde om Uppsala i Sverige.
13 år senare bröt sig hälften av medlemmarna ur Upsala och bildade Lunds församling, som då namngavs efter ett annat biskopssäte i Sverige. I dag hålls det gudstjänster i Lunds kyrka medan man i Upsala endast samlas en gång om året för att fira midsommar.

UPSALA & LUND are two churches in the area north of Detroit Lakes.

The original congregation, founded in 1871, was named because the hills in the area are similar to those in Uppsala, Sweden.
Thirteen years later, a split developed and a new congregation was founded and named Lund, after another Swedish bishopric. This church is still in use, while Upsala Church is only open once a year to celebrate midsummer.

I UPSALA KAN man besöka Borgstroms museum där det finns artiklar ur veckotidningen "Upsala News-Tribune".
Samhället har 300 invånare och ligger i Morrison County vid väg 238, med en huvudgata dominerad av tre höga kyrktorn på rad.
År 1883 öppnades postkontoret Upsala med John Andersson från Floby i Västergötland som förste postmästare.

IN UPSALA YOU can visit Borgstrom's museum and read articles from the now defunct publication "Upsala News-Tribune."
Three tall church towers dominate the main street of this town of 300 inhabitants, located on Morrison County Road 238.
Upsala post office opened in 1883 and the first postmaster was John Andersson from Floby in Västergötland.

VASA LIGGER VACKERT i en dalgång 20 km väster om Red Wing.
Nybyggarna, som från Kristianstad i Skåne kom till trakten 1851, ristade sina namn i träden för att märka ut bosättningarna.
Kolonin växte fort och under ledning av prästen Erik Norelius grundades 1855 en svenskluthersk församling som tog namnet Vasa efter Gustav Vasa.

forts. sid. 48

Jock Mock Lake, MINNESOTA

44

Scandia, MINNESOTA

Skane, MINNEOSTA

Earl Martinson ville bli lantbrukare och
köpte mark i Skane, men allting slutade
med att han överlät gården till brodern som
kom hem från krigets Korea. I stället blev
det över 30 års arbetande på spannmåls-
magasinet i Kennedy. Numera brukar Earl
gå omkring med sin metalldetektor.
Favoritplatsen är framför ingången till Red
River-kyrkan, där han har funnit många
mynt till sin tre påsar tunga samling.

*Earl Martinson planned to be a farmer and
bought land in Skane, but he gave the farm
to his brother, who had returned from the
war in Korea. Instead he worked at the
grain elevator in Kennedy for more than
30 years. Today, Earl usually wanders
around with his metal detector. His favorite
place is at the entrance to Red River
Church, where he has found many coins to
add to his three-bags-heavy coin collection.*

Vilstad, MINNESOTA

I ett förråd bakom den gamla kyrkan står
Albert Degerstroms spade, spett och skott-
kärra. Precis som sin far och farfar har han
grävt gravarna i Vilstad församling. Det har
blivit mer än hundra stycken under de
senaste 50 åren.

*Albert Degerström´s shovel, spit, and
wheelbarrow are kept in a shed behind the
old church. Just like his father and his
grandfather, he always has dug the graves
in Vilstad congregation. It has amounted to
more than 100 graves over the past 50
years.*

VASA LIES IN a beautiful valley 12 miles west of Red Wing. In 1851 a group of settlers from Kristianstad in Skåne arrived here and staked their claims by carving their names on trees. The colony grew rapidly and, in 1855, under the guidance of pastor Erik Norelius, a Swedish congregation was founded and named in honor of Gustav Vasa.

VIKING, VID VÄG 1, ligger 25 km nordväst om Thief River Falls. Omkring 1880 kom de första svenskarna och norrmännen till området. När ett postkontor och en järnvägsstation anlades 1905 enades skandinaverna om att namnge platsen efter sina gemensamma anfäder.

VIKING IS ON State Hwy 1, 15 miles northwest of Thief River Falls. Swedes and Norwegians started to arrive in the district around 1880 and, when a post office and a railway station were established in 1905, they decided unanimously to name them after their common ancestors.

VILSTAD KYRKA STÅR igenbommad på en sluttning 8 km norr om danskstaden Askov. Först med att inmuta land i nejden var Nils Lindström med hustru samt Daniel Nelsson. Fler svenskar anlände och 1909 grundade man en församling som namngavs efter Villstads härad i Småland. Efter en våldsam skogsbrand som härjade genom bygden ödelades många gårdar, men Vilstads kyrka fick välsignat nog stå oskadd kvar.

VILSTAD CHURCH IS closed, and stands on a slope five miles north of the Danish town of Askov. Land was first claimed in this area by Nils Lindström, his wife, and Daniel Nelson. Eventually more Swedes arrived and, in 1909, a congregation was founded and named after Villstad in Småland. At one time, a forest fire raged through the area destroying many farms, but the church was mercifully unharmed.

VISTA KYRKA LIGGER 20 km söder om Waseca vid väg 30. En grupp pionjärer från Jönköpingstrakten i Småland slog sig ner här 1857. Gemensamt skrev de ett brev till pastor Erik Norelius och den 8 augusti 1858 höll 36 svenskar från tio familjer sin första gudstjänst på kullen där kyrkan en dag kom att byggas.

VISTA CHURCH IS situated 13 miles south of Waseca on State Hwy 30. A group of pioneers from Småland arrived in the area in 1857. They wrote a letter to Pastor Norelius and on the 8th of August, 1858, he held the first service here, for 36 Swedes from ten families, on the hill where the church would one day be built.

WENNERSBORG KYRKOGÅRD ligger på en höjd nära Fryksande. 1871 grundades en svenskluthersk församling där namnet man valde skulle påminna om vänskap och trygghet. 1948, under ett fruktansvärt åskväder, träffades kyrkan av en blixt och brann ner till grunden. Guds hus blev aldrig återuppbyggt.

WENNERSBORG CEMETARY IS situated on a hill not far from Fryksande. A Swedish Lutheran congregation was founded in 1871 and the name was chosen as a reminder of friendship and security. During a hard storm in 1948, the church was struck by lightning and burned to the ground. God´s house was never rebuilt (Wenner = old Swedish for friends, borg = fort).

Viking, MINNESOTA

Vasa, MINNESOTA.

Pastor Michael Dobbins är stolt över att leda Vasa församling. Han bor med sin familj i den vackert belägna prästgården bakom kykan.

Pastor Michael Dobbins proudly leads the Vasa congregation. He and his family live in a beautiful parsonage just behind the church.

Vista, MINNESOTA

Richard och Kristi Class är på söndagsutflykt i sin vita Datsun. De stannade till vid Vista för att Kristi ville besöka kyrkan där hon en gång konfirmerades. Paret undervisar på en skola i Janestown, knappt två mil norr om Vista kyrka.

Richard and Kristi Class are out on a Sunday trip in their white Datsun. They stopped at Vista because Kristi wanted to visit the church where she was confirmed. The couple teach high school in Janestown, about 15 miles north of Vista church.

1858 VISTA 1908

Mora, MINNESOTA

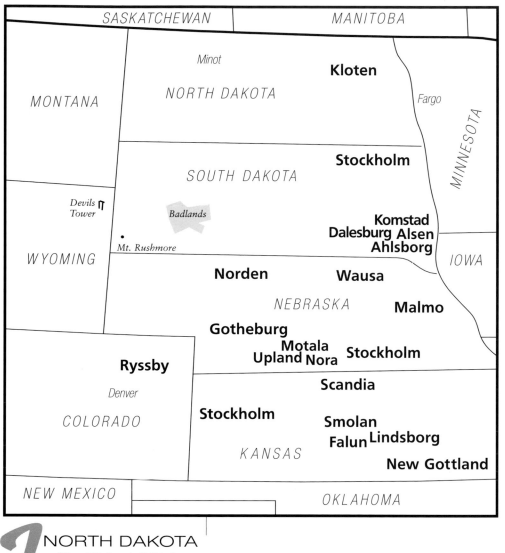

SASKATCHEWAN

MANITOBA

Minot

Kloten

NORTH DAKOTA

Fargo

MONTANA

MINNESOTA

Stockholm

SOUTH DAKOTA

Devils Tower

Badlands

Komstad
Dalesburg Alsen
Ahlsborg

Mt. Rushmore

WYOMING

IOWA

Norden

Wausa

NEBRASKA

Malmo

Gotheburg

Motala
Upland Nora

Stockholm

Ryssby

Scandia

Denver

COLORADO

Stockholm

Smolan
Falun Lindsborg

KANSAS

New Gottland

NEW MEXICO

OKLAHOMA

1 NORTH DAKOTA
• The Flickertail State •

I KLOTEN FINNS en stor silo vid järnvägsspåret och, vid den ödsliga huvudgatan, en bensinstation med sporadiskt öppethållande. Samhället, sydöst om McVille vid väg 15, öppnade ett postkontor 1907 med Sadie Seversson som första postmästare, som också gav platsen dess namn efter Kloten i Ramsbergs socken i Västmanland.

KLOTEN IS A sleepy town southeast of McVille on state highway 15. There is only a big grain elevator by the depot and on Main Street a gas station with irregular hours of business. In 1907 Sadie Seversson, the first postmaster, named the town after Kloten in Ramsbergs parish, Västmanland.

SOUTH DAKOTA
• The Coyote State •

AHLSBORG KYRKOGÅRD, ca 5 km söder om Dalesburg, ligger i ett hörn av en vidsträckt kyrkotomt. Klockan är bevarad och står likt ett monument på platsen där kyrkan en gång stod. Det var John Albin från Vet-

landa i Småland som 1870 föreslog att församlingen skulle namnges efter Ahlsborg Evangelistskola i Vetlanda.

AHLSBORG, THREE MILES south of Dalesburg, is a small cemetery located on a wide church lot. The church bell remains as a memorial to mark the spot where the church once stood. John Albin from Vetlanda in Småland suggested the name in 1870, after the Ahlsborg Evangelical School in Vetlanda.

ALSEN, I TRAKTEN av Dalesburg, består av en minnesmärkt bondgård och en nerlagd bensinmack dold av höga buskage.
Göran Norbeck från Alsen i Jämtland slog sig ner i trakten 1866. Han var politiskt engagerad och blev 1889 invald i South Dakotas delstatsförsamling. Sonen Peter Norbeck följde i faderns fotspår, arbetade hårt politiskt och röstades fram som guvernör i South Dakota 1916.

IN ALSEN, WEST of Dalesburg, all one finds are an historically listed farm and an old filling station. Göran Norbeck from Alsen in Jämtland, a politically active man and the first to settle here in 1866, was elected to the first South Dakota legislature in 1889. His son, Peter Norbeck, followed in his father´s footsteps and became governor of South Dakota in 1916.

I DALESBURG KYRKA sjunger man "Smau gråudåurna" och övar folkdans inför midsommarfirandet kring majstången.
Församlingen ligger norr om Vermillion och grundades 1871. Merparten av nybyggarna kom från Dalarna och efter ett enhälligt beslut bestämde man att församlingen skulle heta Dalsborg, vilket senare amerikaniserades till Dalesburg.

forts. sid. 58

Pensionärerna i Stockholm samlas varje morgon på ortens kafé. Därifrån övervakas postkontoret under en kopp kaffe och lite småprat. Klockan 8, när kontoret öppnar, korsar alla gatan för att se om det har kommit någon post.

In the mornings in Stockholm, the oldtimers gather in the local coffee shop. While spinning yarns and drinking coffee, they keep a keen eye on the post office. The moment it opens at 8 a.m., they all cross the street to check on their mail.

Wausa, NEBRASKA

Norden, NEBRASKA

Malmo, NEBRASKA

Jerry Nice är pensionerad elektriker och har en bakgård full av bilvrak. Trots nedsatt syn kör han fram och tillbaka längs raksträckan utanför Malmö med sin ögonsten, en kanariegul Cheva -50.

Jerry Nice is a retired electrician whose backyard is full of junk cars. In spite of his bad eyesight, he races back and forth on a straight stretch of highway outside Malmo in his treasured canary yellow ´50 Chevy.

IN DALESBURG CHURCH they learn how to dance to Swedish folkmusic and sing "Små grodorna" (Swedish children's song), in preparation for the midsummer festival around the maypole.
The congregation lies north of Vermillion and was founded in 1871 by Swedes, mostly from the province of Dalarna. The settlers unanimously decided to name the place Dalsborg, which later was Americanized to Dalesburg.

KOMSTAD KYRKA LIGGER strax norr om Dalesburg. Församlingen som grundades av smålänningar 1874 är liten och har en präst som arbetar deltid inom polisen.

KOMSTAD COVENANT Church is located three miles north of Dalesburg. The tiny congregation, founded by settlers from Småland in 1874, has a pastor who is also a part-time policeman.

STOCKHOLM, VID VÄG 20 mellan Watertown och Milbank, har numera flera dansk- än svenskättlingar bland de 89 invånarna.
De första som på 1880-talet anlände till området var bröderna August, Charles och Andrew Johansson från Hassle socken i Västergötland. När Great Northern Railway anlade en järnvägsstation på våren 1906, fick bröderna äntligen namnge platsen.

STOCKHOLM LIES BY State Hwy 20 between Watertown and Milbank. Of the town's 89 inhabitants, most are of Danish rather than Swedish descent.
August, Charles, and Andrew Johansson from Hassle parish in Västergötland, were the first settlers to arrive in the early 1880s. When the Great Northern Railroad opened a train station in the spring of 1906, the brothers finally got to name it after the capital of Sweden.

NEBRASKA
· The Cornhusker State ·

I GOTHENBURG HÄNGER en svensk flagga utanför det historiska Pony Express-kontoret, som i dag är ett museum med turistinformation.
Orten ligger vid US Interstate 80 och har 3 232 invånare.
Förste svensk i trakten var N. E. Axling som fick stort inflytande när han öppnade handelsbod i staden.
Trots att han med svenskarna var i minoritet lyckades man ge orten dess namn 1883.

GOTHENBURG HAS A Pony Express office with a Swedish flag hanging outside. Today it is a local museum and tourist information center.
The town is situated on US Interstate 80 and has 3,232 inhabitants.
The first Swede in the area was N. E. Axling. He opened a grocery store in 1883 and became an important figure. Even though the Swedes were a minority, they succeeded in naming the town after Göteborg in Sweden.

MALMO, STRAX NORDOST om Wahoo, har sett sina glansdagar passera. Merparten av nybyggarna, som bosatte sig i området 1886, kom från Dalarna och Skåne.
Platsen namngavs när en järnvägsstation anlades. De äldsta i staden minns när Charles Lindbergh hade flyguppvisning över ängarna bakom kyrkan.

MALMO HAS SEEN better days.
The town is situated just northwest of Wahoo, and the majority of those who settled here came from the provinces of Dalarna and Skåne. The settlement was named when a train station opened in 1886.
Oldtimers in the town can still remember when Charles Lindbergh held air shows over the fields behind the church.

MOTALA BESTÅR AV en gigantisk silo och ligger 15 km väster om Minden. Vid vägen i skuggan av byggnaden finns en skylt uppsatt året runt med texten: "Varning för isbildning!".
När järnvägen nådde fram 1875, bestämde C. J. Petersson från Östergötland att stationen på hans mark skulle namnges efter en industristad i hemlandet. Det blev Motala.

MOTALA LIES 9 miles west of Minden. In the shade of the huge grain elevator that stands by the railway there is a road sign that, all year round proclaims, "Warning for ice!" When the railroad reached the area, in 1875, C. J. Petersson decided that the station on his land should be named after his industrial hometown of Motala, Östergötland.

NORA, MED SINA 24 invånare, blir förmodligen snart en plats endast för spöken.
Postkontoret som öppnades 1887 finns inte längre, men skolan som uppfördes 1914 med utrymme för över 70 elever är fortfarande i bruk med fyra skolbarn.
Samhället ligger 10 km sydost om Upland och tros ha fått sitt namn efter Nora i Illinois.

NORA, WITH ONLY 24 inhabitants, seems destined to become a ghost town.
The post office that opened in 1887 has closed, but the 70 seat schoolhouse, which was built in 1914, is still used by four pupils. The community is located six miles southwest of Upland and is believed to be named after Nora, Illinois.

NORDENS KYRKOGÅRD LIGGER på prärien vid väg 12 cirka 50 km öster om Valentine. På gravstenarna finns inga namn som går att härleda till Skandinavien. Nordens historiska ursprung är okänt.

NORDEN IS LOCATED on the prairie about 30 miles east of Valentine on State Hwy 12. Even though the name of the cemetary seems to refer to a geographical designation of Sweden, Norway, Denmark, Finland, and Iceland, none of the names on the gravestones appears to be Scandinavian. The historical origin of Norden is unknown.

STOCKHOLM SKULLE EN gång bli traktens stora handelscentrum. O. G. Bergqvist, John Hansson, Nels Andersson och Olof Ericksson var bland de första pionjärerna som anlände 1872. Sex år senare byggdes en kyrka och därefter en prästgård, som med sina 16 rum kallades för "Stockholms Slott". När järnvägen närmade sig beslutade man till nybyggarnas stora besvikelse att stationen skulle ligga i grannbyn Shickley. Stockholm fick en hållplats vid ett sidospår och blev aldrig någon metropol. Prästgården tvingades man auktionera bort, men kyrkan är fortfarande i bruk.

STOCKHOLM WAS PLANNED to be the area´s business center. Among the first pioneers who settled in 1872 were O. G. Bergqvist, John Hansson, Nels Andersson, and Olof Ericksson. Six years later a church was built and then a parsonage that, with its 16 rooms, was known as "Stockholm palace."
However, when the railroad came closer the company decided, much to the settlers´ disappointment, to place the station in the neighboring town of Shickley.
Stockholm received only a depot on a side track never becoming a thriving metropolis, and the parsonage had to be sold by auction. The church remains in use today.

UPLAND, EN GÅNG en livlig järnvägsknut 20 km söder om Minden, är numera en plats där tågen endast stannar under majsskörden. Med milslånga vyer åt alla västersträck fick förmodligen samhället namn efter sitt geografiska läge.

UPLAND, WHERE THE trains only stop during the corn harvest season, was once a busy railway junction. Its location, on high ground 12 miles south of Minden, probably inspired the naming of the community.

I WAUSA, VID väg 121, bor 598 människor och de med svensk anknytning har dalahästar hängande på sina verandor.
Svensken Thorson var postmästare och skötte postkontoret "Thorson" från sitt hem fram tills järnvägsstationen byggdes 1890. Samtidigt ändrades namnet till Vasa för att hedra kung Gustav Vasa. Amerikanernas problem med uttalet gjorde att det slutligen blev Wausa, på förslag av skolläraren J. E. Baggström.

WAUSA IS SITUATED on State Hwy 121 and has 598 inhabitants. Those of Swedish descent place Dala horses on their front porches.
A Swede by the name of Thorson ran a post office named after himself from his home until 1890. When the railway station was built, the name was changed to Vasa to honor King Gustaf Vasa.
J. E. Baggström, a school teacher, suggested changing the spelling to Wausa to make the pronounciation easier for Americans.

KANSAS
•The Sunflower State•

FALUN, 16 KM nordväst om Lindsborg, har post, bank och en bensinstation. Bristen på samlingslokaler i samhället har gjort att fyrmanspoker har blivit en allt vanligare syn inne i banken.
Förste svensk var Erik Sundgren från Svärdsjö i Dalarna som slog sig ner 1869. Två år senare ledde major Erik Fors från Dalarna en stor grupp nybyggare från Bishop Hill och Galva i Illinois till trakten och då anlades samhället.

FALUN, 10 MILES northwest of Lindsborg, is a small town with a post office, a bank, and a gas station. Because of a lack of space, poker games are commonly held at the bank during business hours.
Erik Sundgren from Svärdsjö, Dalarna, was the first Swede to settle here in 1869. Two years later, Major Erik Fors, from Fors in Dalarna, led a group of pioneers from Bishop Hill and Galva, Illinois, to the area and built the town.

LINDSBORGS SVENSKHET lockar årligen tusentals turister. De kommer för att köpa souvenirer, dansa och lyssna till folkmusik på gatorna. Som avkoppling kan stadens 3 076 invånarna heja fram "The Vikings," som är det beryktade football-laget i samhället. För att hedra pionjärerna S. P. Lindgren, S. A. Lindell och J. O. Lind bestämde man 1869 att nybygget skulle heta Lindsborg.

LINDSBORG´S SWEDISH atmosphere attracts thousands of visitors each year who come to buy souvenirs, dance, or just listen to folk music in the streets. The 3,076 people in town can relax by supporting "The Vikings," their local college football team.To honor pioneers S. P. Lindgren, S. A. Lindell, and J. O. Lind, the settlement was named "the fort of Linds" in 1869.

NEW GOTTLAND ÄR ett glest bebyggt område söder om staden McPherson. Den förste svensken, Carl Johan Hansson, bosatte sig i trakten 1871. Därefter anlände fler svenskar och nybyggarna beslöt att

forts. sid. 62

Upland, NEBRASKA

Karla Meiner har två katter och bor i ett stort hus på bakgatan i Upland. Mitt emot verandan står kyrkan som hon städar två gånger i veckan. Fastän Bib och Bob ideligen stryker runt hennes ben, brukar de få följa med för att hålla henne sällskap.

Karla Meiner and her two cats live in a big house on a back street in Upland. The church, which she cleans twice a week, is across the road. Bib and Bob, who always wrap themselves around her legs, usually go with her to keep her company.

Motala, NEBRASKA

När Delmar Nelson pensionerades arren-
derade han ut sin gård och flyttade till
Minden, nära Motala. Han känner varenda
bonde i trakten, kör en liten brun lastbil
och älskar Boston Cream donuts.

When Delmar Nelson retired, he leased his
farm and moved to Minden, near Motala.
He knows every farmer in the area, drives a
brown pick-up truck, and loves Boston
Cream donuts.

platsen skulle heta New Gottland, eftersom man tycktes ha funnit "nytt gott land". Postkontoret som öppnades 1872 är i dag stängt.

NEW GOTTLAND IS a sparsely populated community south of McPherson. The first Swede, Carl Johan Hansson, moved to the area in 1871. More of his compatriots arrived, and as they found what was considered to be "new good soil," they named the place New Gottland. The post office that was opened in 1872 is now closed.

SCANDIA MED 421 invånare ligger vid väg 36. 1868 beslöt The Scandinavian Agricultural Society of Chicago att starta ett nybygge i Kansas. Man köpte ett landområde och delade in det i 350 lotter à 20 tunnland.
Landbitarna bildade New Scandinavia när ett postkontor öppnades 1869. Sju år senare förkortades namnet till Scandia.

SCANDIA, A TOWN on Hwy 36, has 421 inhabitants. In 1868 "the Scandinavian Agricultural Society of Chicago" decided to start a settlement in Kansas. They invested in a large parcel of land and split it into 350 shares of 20 acres each. In the beginning, this community was named New Scandinavia, but the post office that opened in 1869 was renamed Scandia seven years later.

SMOLAN HAR 195 invånare och ligger mellan Lindsborg och Salina. Svensken Charles Frank var den förste som flyttade hit 1868 och efter honom följde många smålänningar. 1886 anlades en järnvägsstation och året därpå ett postkontor med Carl Mattsson som den förste postmästaren.
Förutom en silo finns några butiker på huvudgatan, men tyvärr går det ej längre att nyttja tåg eller införskaffa frimärken i samhället.

*SMOLAN HAS 195 inhabitants and is located between Lindsborg and Salina. Apart from the grain elevator, there are just a few stores on Main Street. Charles Frank was the first to move here in 1868, and many immigrants from Småland followed. A train station was built in 1886. The post office opened a year later and the first postmaster was Carl Mattsson.
Unfortunatly, these days, one can neither buy a stamp nor catch a train in Smolan.*

STOCKHOLM KALLAS BLAND lokalbefolkningen för "Stockholms oljefält". Flera svenskar slog sig ner i trakten efter de första pionjärerna Nels Larsson och A. Svedlund. En kyrka och därefter ett postkontor byggdes 1889. I dag står det några oljeborrtorn kring den annars så ödsliga kyrkogården 30 km norr om Tribunee.

*STOCKHOLM IS KNOWN locally as the "Stockholm oilfield." Several Swedes followed the first pioneers, Nels Larsson and A. Svedlund, to the area. A church and a post office were built in 1889.
Today, working oil rigs surround the desolate cemetary, which is the only remnant of the town, located 18 miles north of Tribunee.*

COLORADO
• The Centennial State •

RYSSBY KYRKA, VID foten av Klippiga bergen, anordnar varje år svensk julotta och minnesgudstjänst till midsommar. Högtiderna är mycket populära. Biljetter måste beställas i förväg och kyrkan blir så fullsatt att man för säkerhets skull placerar en brandbil utanför ingången. Det var 1872 som ett sällskap smålänningar från Ryssby i Småland slog sig ner i trakten och grundade församlingen.

RYSSBY CHURCH, AT the foot of the Rocky Mountains, organizes traditional Swedish ceremonies twice a year, a midsummer festival in June and a "julotta" (early service on Christmas day) in December. These ceremonies are very popular and tickets have to be purchased in advance. The church becomes so crowded that a fire engine stands outside just in case. The area was settled by a group of Swedes from Ryssby, Småland, in 1872.

Kloten, NORTH DAKOTA

Nora, NEBRASKA

Som sin far brukar Theo Cleo jorden och föder upp boskap. Gården ligger precis där huvudgatan övergår från asfalt till grus i Nora. Theo är glad för sitt nya elektriska stängsel; nu behöver han inte längre bekymra sig för att djuren ska rymma.

As his father did before him, Theo Cleo farms the land and raises cattle. His farm lies just where Nora´s main street turns to gravel. A newly installed electric fence means that he no longer has to worry about straying cattle.

64

Niclas Sköld från Göteborg och fransk kanadensiskan Mahée Paiment hyrde bil i Texas. På vägen västerut stannade de till i Gothenburg för att fika och köpa en Gothenburg Times, som dagligen trycks i 2 600 ex.

Niclas Sköld from Göteborg and Mahée Paiment, a French Canadian, rented a car in Texas. On their way to the West Coast, they stopped in Gothenburg to have a cup of coffee and to read the Gothenburg Times, which has a daily circulation of 2,600.

New Gottland, KANSAS

Lindsborg, KANSAS

Som expert vid Kansas lantbruksnämd kontrollerar Marc Anderson att besprutningsmedel används enligt de gällande bestämmelserna. Hans dröm är att bli bagare och att i Lindsborg öppna ett konditori med svenska bakverk som specialitet.

As an expert in pesticides working for the Kansas State Board of Agriculture, Marc Anderson is responsible for making sure that State regulations are followed. His dream is to become a baker and open a bakery in Lindsborg, specializing in Swedish pastries.

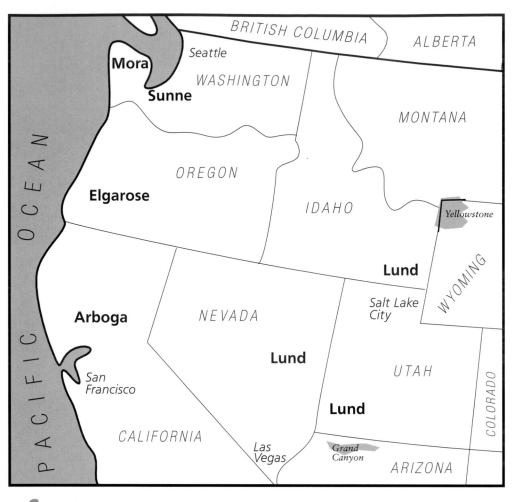

speceriaffär och postkontor. Namnet togs till ära av en mormonsk profet med efternamnet Lund.

LUND IS A Mormon stronghold with 300 residents. Situated on State Hwy 318, there is a gas station with a small grocery store and a post office. The town grew up around a spring in the Nevada desert during the 1890s and the name was chosen in honor of a prophet named Lund.

UTAH
· The Beehive State ·

LUND LIGGER I otillgänglig terräng cirka 60 km från närmaste stad, Cedar City. Numera är det en spökstad med en igenbommad handelsbod, en övergiven tågstation och en rad obebodda mobile-homes.
Det är okänt när eller hur namnet Lund kom till.

*LUND LIES DESOLATE and isolated in unfriendly terrain, 40 miles from the nearest town, Cedar City.
There is an abandoned grocery store, a closed train station, and a line of uninhabited mobile homes.
It is unknown how or when Lund got its name.*

IDAHO
· The Gem State ·

LUND, VID VÄG 30, är av fornstora dagar ett minne blott. Mormonen Carl Johan Lundgren startade ett nybygge i trakten 1893. Han öppnade postkontor i sitt hem 1898 och gav en ravin i närheten namnet Lundgren Canyon.
Järnvägen nådde aldrig riktigt ända fram, slutstation anlades i grannstaden Bancroft, vilket kan förklara varför Lund i dag bara är en minnessten vid vägkanten.

LUND, ON STATE Hwy 30, lives on only in the memory of a few local people. In 1893 a Mormon named Carl Johan Lundgren started a settlement in the area. A post office was opened in his home in 1898 and he named a nearby canyon after himself. The railroad never reached the area. The terminal was built in the neighboring town of Bancroft which, perhaps, explains why all that remains of Lund today, is a commemorative stone standing by the roadside.

NEVADA
· The Silver State ·

LUND ÄR ETT mormonfäste med 300 invånare, som runt 1890 bildades kring ett vattenhål i Nevadaöknen. Samhället ligger vid väg 318 och har en liten bensinstation med

CALIFORNIA
· The Golden State ·

I ARBOGA, KNAPPT 10 km söder om Yuba City, är huvudgatan numera en återvändsgränd. Det var våren 1911 som Walter Söderberg och tysken herr Dohrman fick rättigheterna till landområdet av San Francisco Farm Investment Company.
Söderberg som var född i Amerika hade i sin barndom varit med sin morbror på en resa till Arboga i Sverige. Han namngav nybygget till minne av Sverigebesöket.

IN ARBOGA, 6 miles south of Yuba City, the main street is a dead end. In 1911, Walter Söderberg and a German, Mr. Dohrman, were given the rights to the land by the San Francisco Farm Investment Company. Söderberg, who was born in America but had, as a child, been with his uncle on a trip to Arboga, Sweden, named the settlement.

OREGON
• The Sunset State •

ELGAROSE ÄR EN vägslinga som löper i en vacker dalsänka, 10 km väster om Roseburg. Mellan 1916 och 1924 fanns ett postkontor i trakten med prästen John Emil Carlsson från Älgarås socken i Västergötland som postmästare. I dag kan man på vägen besöka traktens vingårdar för att provsmaka vita, röda och mousserande årgångsviner.

ELGAROSE, IS A loop of road that runs through a beautiful valley, six miles west of Roseburg.
Between 1916 and 1924, there was a post office in the area and pastor John Emil Carlsson from Älgarås parish in Västergötland, was the postmaster.
Today, if one visits this area, one can sample vintage white, red, and sparkling wine at the local vineyards.

WASHINGTON
• The Evergreen State •

MORA CAMPINGPLATS ligger i en jättelik granskog i utkanten av Quillayutes indianreservat vid Olympic National Park. K. O. Ericksson från Mora i Dalarna bosatte sig här 1881 och öppnade fyra handelsstationer i vilka han gjorde bytesaffärer med traktens indianer. En station blev postkontor 1891.

MORA CAMP SITE is to be found in a large spruce forest on the outskirts of Quillayute Indian Reservation by the Olympic National Park.
K. O. Ericksson, from Mora in Dalarna, settled here in 1888 and started four trading posts, where he did business with the Native Americans. One trading post became a post office in 1891.

SUNNE LIGGER PÅ McNeil som är en hårdbevakad fängelseö i skärgården söder om Seattle.
1896 byggdes en svensk kyrka med hjälp av befolkningen på grannön Anderson Island. Förmodligen valde församlingen sitt namn efter Sunne i Värmland.
I dag är det omöjligt att besöka platsen där landets grövsta brottslingar framlever sina dagar.

SUNNE IS SITUATED on McNeil Island in the Seattle archipelago.
In 1896 Swedes built a church here and a congregation was founded together with settlers from the nearby Anderson Island. It was probably named after Sunne in Värmland.
The presence of a maximum security prison on the island prevents it from being visited today.

Lund, UTAH

Arboga, CALIFORNIA

74

Jeff Cravens och Jeff Hickerson arbetar som skogvaktare. Deras främsta ansvar är att förhindra bränder. Många turister kommer till trakten för att njuta av naturen, campa och grilla hamburgare.

Jeff Cravens and Jeff Hickerson are rangers. Their main responsibilities are to control forest fires and oversee the safety of the many tourists who come here to camp and picnic.

Mora, WASHINGTON

BRITISH COLUMBIA

I LUND FINNS en bensinstation för både båt- och bilburna. Lokalt tvistar man om väg 101 slutar i samhället eller om Lund i själva verket är första början på den långa kustvägen till Sydamerika.

1889 anlände bröderna Charles och Fredrik Gottfrid Thulin från Tryserums socken i Småland till platsen. Det började med en handelsstation och 1892 öppnades ett postkontor, därefter ett hotell och år 1900 anlades en småbåtshamn. Namnet togs för att bröderna tyckte att det passade trakten.

LUND HAS A gas station that serves both cars and boats. Locally there is an ongoing debate as to whether Hwy 101, the coast road that leads all the way to South America, begins or ends in town. The brothers Charles and Fredrik Gottfrid Thulin, from Tryserum parish, Småland, arrived in the area in 1889 and started a trading post.
In 1892 a post office was opened followed by a hotel. A marina was built in 1900. The name was chosen because the brothers thought that it suited the area.

WASA ÄR ETT fritidsområde vid väg 93 öster om Klippiga bergen. 1902 öppnades ett postkontor med skogshuggaren Nels Hansson från Siene socken i Västergötland som postmästare. Namnet valde han för att hedra Vasaätten i Sverige.

WASA IS A recreation area on Provincial Hwy 93 east of the Rocky Mountains. A post office was opened in 1902 and Nels Hansson, a lumberjack from Siene Parish, Västergötland, became the first postmaster. The name Wasa was chosen in honor of the Vasa dynasty in Sweden.

ALBERTA

ALSIKE LIGGER DÄR väg 20 och 39 förenas. De första svenskarna fann vilt växande Alsikeklöver i trakten och namngav ett postkontor efter växten 1933. Detta kontor är stängt sedan länge, men en bensinstation vid vägkorsningen upprätthåller platsens namn.
I Uppland ligger Alsike socken där man var först med att börja odla Alsikeklövern.

ALSIKE IS AT the junction of Provincial Hwy 20 and 39. The first Swedes found an abundance of the herb Alsike growing wild in the area and named the post office after it in 1933. This post office is long gone, but a gas station that stands at the junction retains the name of the old community.
In the province of Uppland, Sweden, there is a parish of this name, where the Alsike herb was first cultivated.

CALMAR HAR BLAND annat två tvättomater för ortens 1 087 invånare. 1895 anlände de första svenskarna till området. Invånarantalet ökade i rask takt och år 1900 öppnades ett postkontor med J. C. Blomquist från Misterhult i Småland som förste postmästare. Trots att han var den ende smålänningen bland hundratals nybyggare, bestämde han att platsen skulle heta Calmar till minne av storstaden i hans hemtrakter.

CALMAR HAS, AMONG other things, two laundromats for its 1,087 inhabitants. The first Swedes came to the area in 1895. A fast-growing population needed a post office, which opened in 1900, with J. C. Blomquist from Misterhult, as the first postmaster. Even though he was the only "smålänning" among the settlers, he decided to name the town in memory of the city nearest to his hometown in Småland.

I FALUN FINNS en spritbutik, en kooperativ handelsbod med postkontor och en kyrkogård med namnet Dalby. Samhället vid väg 13, cirka 30 km söder om Edmonton, grundades av nybyggare från Dalarna. Den förste postmästaren var G. G. Forsell som tillträdde sin tjänst den förste december 1907.

FALUN HAS A liquor store, a co-op with a small post office, and a cemetary by the name of Dalby.
The town, located on Provincial Hwy 13, about 20 miles south of Edmonton, was founded by settlers from Dalarna.
The first postmaster, G. G. Forsell, began his duties on December 1, 1907.

MALMO, 25 KM sydöst om Wetaskiwin, hade en gång både affär och smedja. I dag är det endast kyrkan som påminner om samhället i det som i övrigt är ren jordbruksbygd.
Det var 1896 som bröderna Helsing och deras kusin G. W. Bredenberg från Nebraska slog sig ner i trakten. Efter dem anlände allt fler nybyggare, merparten från Gammelsvenskbyn i Ukraina. Ett postkontor öppnades 1911 och fick namn efter Malmo i Nebraska, vilket i sin tur kan härledas till Malmö i Sverige.

MALMO, 15 MILES southeast of Wetaskiwin, once had a grocery store and a blacksmith, but only the church remains of the community that once was.
Today, the area is given over exclusively to farming. The Helsing brothers and their cousin G. W. Bredenberg arrived from Nebraska in 1896, followed by more settlers, most of them from Gammelsvenskbyn* in the Ukraine.
In 1911 the post office was opened and named after Malmo, Nebraska, which can be traced back to Malmö, in the province of Skåne.
(*Sw= "The old Swedish town," a Swedish settlement in the Ukriane founded in 1782)

NEW SWEDEN LIGGER öster om Wetaskiwin. De första nybyggarna kom till platsen samtidigt som man bosatte sig i traktens Malmo. I dag finns endast en missionskyrka med ett jättelikt grönområde på platsen.

NEW SWEDEN IS located east of Wetaskiwin. The first settlers arrived here with those who established nearby Malmo.
The community has more or less disappeared, but a church mission next to a green pasture retains its name.

OFFERDALE VAR EN gång en skola med totalt 38 lärare som undervisade 200 elever mellan åren 1907 och 1954.
Kvar vid vägkorsningen finns ett litet monument till minne av skolan. Hur skolhuset i detta svenskområde fick namnet Offerdale är okänt.

OFFERDALE SCHOOL ONCE had a total of 38 teachers who taught 200 pupils between 1907 and 1954.
A memorial to the school stands by the road junction. It is not known how the schoolhouse got this Scandinavian name.

THORSBY HAR 632 invånare och ligger vid väg 39 cirka 20 km väster om Calmar. Samhället grundades i början av 1900-talet, då bröderna Sahlström byggde en timmerstuga vid Weed Creek för att leva på jakt och fiske.
1908 öppnade bröderna ett postkontor som fick namn efter hemorten i Värmland. 18 år senare stängdes kontoret för att 1930 åter öppnas då en järnvägsstation byggdes på deras marker.

THORSBY, BY PROVINCIAL Hwy 39 about 12 miles west of Calmar, has 632 inhabitants.
The town was founded in the beginning of the 20th century by the Sahlström brothers, who built a log cabin by Weed Creek and made their living by hunting and fishing.
A post office opened in 1908 and was named after their hometown in Värmland. Eighteen years later, it was closed down but reopened in 1930 when a railway depot was built.

WARBURG, MED 477 invånare, arrangerar varje år en välgörenhetsrodeo där de yngsta börjar sin karriär med att tävla på fårryggar.
De första nybyggarna anlände 1906 och var bland andra familjen Anderson, samt bröderna Benson och Börjeson, samtliga från Frillesås socken i Halland.
När ett postkontor anlades ville man ge det namn efter Varberg i Halland. Delstatens myndigheter godkände inget annat än Warburg, vilket blev postkontorets och platsens namn 1916.

WARBURG, WITH A population of 477, arranges a rodeo for charity every year. Aspiring young riders can begin their careers here by competing in a sheep-riding contest.
The first settlers, who arrived in 1906, were the Anderson family,

continued on p. 82

Mike Mellick säger att man kan ställa klockan efter Ray Pearson. Ray sitter på kaféet varje dag tills klockan slår två. Då går han över gatan till baren på Thorsby Hotel.

Mike Mellick says that you can set your watch by Ray Pearson. He sits in the coffee shop every day until two o'clock. Then he walks across the street to the bar at the Thorsby Hotel.

Calmar, ALBERTA

Westerose, ALBERTA

New Sweden, ALBERTA

David More har ett möbelsnickeri i sitt
garage och Bonnie More sköter om kaféet
och det tillhörande galleriet på neder-
våningen i huset. De tror på framtiden
och planerar att bygga en stor uteservering
i trädgården nästa år.

*David More has a carpentry shop in his
garage. Bonnie More works in the café and
adjoining art gallery on the ground floor of
their house. They believe in the future and
plan to build a terrace for the café in the
garden next year.*

the Benson brothers, and the Börjeson brothers, all from Frillesås parish in Halland.
In 1916 when a post office was opened, the people wanted to name it after Varberg in Halland, but the authorities would only approve the spelling Warburg.

WESTEROSE ÄR ETT litet samhälle vid stranden av Pigeon Lake. Trots att det endast finns några enstaka hus här står åtskilliga postlådor vid vägkorsningen. År 1907, när det i dag nerlagda postkontoret skulle öppnas, lär Axel Norström från Skerike socken utanför Västerås ha sagt: "Om dalmasarna kallar sitt postkontor för Falun, då borde vi kalla vårt för Westerose".

WESTEROSE IS A community by Pigeon Lake. Even though there are only a couple of houses here, many mail boxes stand by the side of the road junction. In 1907, when a post office was to be established, Axel Norström from Skerike parish outside Västerås, Sweden, is supposed to have said: "If the Dalecarlians name their post office Falun, let´s call ours Westerose."

WILHELMINA KYRKA ligger undangömd i en skogsdunge strax öster om Hay Lakes. En av de första som slog sig ner i området var Inga Jonssson från Granliden vid Vilhelmina i Lappland. Hennes glödande brev till hemlandet övertygade 30-talet familjer att lämna Sverige för ett nytt lovande liv i väst. 1908 grundades Vilhelmina församling med 33 vuxna och 47 barn. Året efter betalade man 15 dollar för fyra tunnland mark att anlägga en kyrka på, som slutligen blev uppförd 1919.

WILHELMINA CHURCH lies almost hidden in a small grove just east of Hay Lakes. One of the first to settle here was Inga Jonssson from

Granhild by Vilhelmina in Lappland. Persuaded by her glowing letters home telling of a Promised Land, 30 families left the old country for a new life in the West. A congregation of 33 adults and 47 children was founded in 1908. A year later they paid $15 for the purchase of four acres of land on which to build a church. It was finally erected in 1919.

SASKATCHEWAN

I STOCKHOLM FINNS ett äldre hotell med bar, biljardbord och ibland ett långbord fullt med kaffedrickande stamgäster. Samhället som ligger 73 km söder om Yorkton och har 406 invånare grundades 1887 när fastighetsmäklare Emanuel Åhlén från Winnipeg ledde svenskar till trakten. Postkontoret fick först namnet Ohlen men 15 år senare när järnvägen anlades ändrade man det till Stockholm.

STOCKHOLM HAS A hotel with a bar, a pooltable, and a long table where regulars gather to drink coffee and spin yarns. The town, situated 73 km south of Yorkton, has a population of 406. It was Emanuel Åhlén from Winnipeg who first led Swedish settlers to the area. The post office opened in 1887 and was named Ohlen. Fifteen years later when the railway reached the town, the name was changed to Stockholm.

ONTARIO

OSTERSUND ROAD ÄR vackert belägen bland bergen vid sjön Lulu. 1894 grundades nybygget då en skara jämtar bytte arbete från rallare till skogshuggare. När sågverket lades ner flyttade en del, men de flesta stannade kvar och livnärde sig på fiske

och jordbruk. I dag nöjesåker man motorbåt och vattenskidor i det attraktiva området där de rika förgäves söker efter sjötomter.

OSTERSUND ROAD IS beautifully situated in the mountains by the bank of Lake Lulu. Swedish railroad workers from Jämtland who had originally been working for the railroad, started the settlement in 1894 becoming lumberjacks instead. When the sawmill closed, some people left, but the majority stayed on changing the source of their livelihood to farming and fishing. Today, the locals enjoy motorboating and waterskiing while those not fortunate enough to live in the area, search in vain for property.

UPSALA LIGGER SOM en oas i en oändlig snårskog och är en lämplig plats att proviantera på för varje bilburen resenär som färdas längs vägen över Kanadas kontinent. Samhället uppstod i slutet av 1800-talet när Canadian Pacific Railway anlade en station i trakten. Förmodligen var det en svensk rallare som föreslog namnet Upsala.

UPSALA IS AN oasis in an endless desert of brushwood, and a necessary supply-stop for every motorist travelling the great length of the Trans-Canada Highway. The community was founded at the end of the 19th century, when the Canadian Pacific Railway built a depot in the area. Most probably it was a Swedish railroad worker who suggested the name.

Falun, ALBERTA

När Annie Holmlund har morgonbesök bjuder hon alltid på kaffe, rostat bröd, marmelad, äggröra, bacon och råstekt potatis till frukost. Hon bor ensam i huset på gården som hennes son sköter om. När Annie diskar kan hon genom sitt köksfönster se sonsonen arbeta på sin bilverkstad.

When Annie Holmlund has guests, the breakfast always includes coffee, toast, jelly, scrambled eggs, bacon, and hashbrowns. She lives by herself in a house on the farm that her son takes care of. While Annie does the dishes, she can watch her grandson through the kitchen window, as he works in his car repair shop.

Wilhelmina, ALBERTA

Strax utanför trädgården på marken hans far en gång mutade in har Algot Person ett oljeborrtorn. På sin fritid samlar Algot på kassettband med svensk folkmusik. Han brukar sitta i vardagsrummet och leta i lådorna efter något som han inte har hört på länge. Favoriterna är Lapp-Lisa och Jokkmokks-Jocke.

Just outside his garden, Algot Person has an oil rig, that stands on the very land his father once claimed. His hobby is collecting tapes of Swedish folk music. Algot often sits in his living room searching in the boxes for something he hasn't heard for a while. His favorites are Lapp-Lisa and Jokkmokks-Jocke.

Stockholm, SASKATCHEWAN

Lucille Szumutku och Karin Closson är två eldsjälar som sköter om Stockholms historiska förening. De är oroliga för att ingen kommer att kunna ta över deras verksamhet, eftersom alla ungdomar har flyttat ifrån samhället.

Lucille Szumutku and Karin Closson are very enthusiastic about their work for the Stockholm Historical Society. Since all the young people have moved away from town, they are worried that nobody will be left to follow in their footsteps.

Alfred och Ingeborg Adamson lever i björntrakter. För några år sedan lufsade en grizzly-björn in bakom husknuten. Alfred skyndade efter sitt gevär, fick korn och sköt. Den fällda björnen var så tung att man behövde en traktor för att forsla bort den.

Alfred and Ingeborg Adamson live in bear country. Some years ago, a grizzly wandered through their backyard and Alfred Adamson quickly grabbed his rifle, took aim, and fired. The dead bear was so heavy that it had to be moved using a tractor.

Upsala, ONTARIO

Roger Crowley började arbeta vid järnvägen när han var 16 år. I dag är han förman och tillsammans med sin fru ägare till värdshuset "Bushwackers". På bakgården har Roger en stor tank fylld med bensin som han säljer när närmaste bensinmack är stängd.

Roger Crowley started working for the railroad when he was 16 years old. Today he is a foreman and the co-owner, with his wife, of "Bushwackers" tavern. He keeps gas in a big tank in his backyard, that he sells when the nearest gas station is closed.

Alsike, ALBERTA

På väg hem stannade han vid Alsike bensin-station för att tanka bilen. Lloyd Brown fyller år i dag och ska fira det med att ta med sin familj på en tur med häst och vagn.

On his way home he stopped at the gas station in Alsike. It is Lloyd Brown's birthday today, and he plans to celebrate it by taking a tour in a horsedrawn carriage with his family.

VÅREN 1987. Solen värmde behagligt i en liten röd Buick Skyhawk. Jag var 20 år och förväntansfullt på väg mot North Dakota. Bakom ratten satt Arnstein, en storväxt norrman som talade obegriplig norska och gillade amerikanska sportbilar. Vi hade träffats i La Crosse i Wisconsin där min styvfar tjänstgjorde vid stadens universitet. Arnstein forskade i det norska språket och med en bandspelare for han omkring i trakten och intervjuade på renaste tröndemål. Han hade fått nys om norsktalande amerikaner längre västerut och bad mig att som hans assistent följa med under två veckor och 500 mil.

Denna dag genom Minnesota; vägen slingrade sig fram och jag njöt av utsikten vid varje nytt backkrön vi nådde, medan bilen stånkade och lät som om den behövde mera bensin. Arnstein växlade ner utan att motorn nämnvärt gick upp i varv och vi tuffade vidare. I dalsänkan framför oss syntes en kyrka och några hus. Raskt passerade vi samhället och jag var tvungen att vända mig om för att titta "långt" efter lilla Vasa.

Sex och ett halvt år senare, efter en tid som maskinelektriker, började jag studera fotografi. Målet var att resa och med kameran dokumentera mina upplevelser. Vägskylten i Minnesota hade etsat sig fast i mitt minne och med förnyad nyfikenhet började jag även att forska om det svenska nybyggarlivet i väst. Efter ett antal böcker råkade jag på Lasse Holmqvists "På luffen i Nordamerika". I den stod den förlösande meningen: "Alla dessa svenska ortnamn vore värda ett eget kapitel."

Mitt äventyr var bestämt och efter ytterligare ett år av forskning och planering var jag redo att bege mig ut på mitt första stora uppdrag.

SOMMAREN 1995. Det hade tagit sjutton månader att ta sig genom Nordamerika. Jag var åter i Sverige, nu fylld av fascinerande människomöten, hårresande livsöden och sagolika naturupplevelser. Svenskbygden i Nordamerika hade blivit en stor del av mig. Och av en tillfällighet, som om det var meningen, kom jag hem till ett jubileumsår. 1996 uppmärksammades migrationen i Sveriges historia. Det var för 150 år sedan som Bishop Hill i Illinois grundades av en stor grupp svenska nybyggare.

Att Lasse Holmquists kapitel skulle bli en hel bok fanns bara i mina drömmar. Från det att idén föddes och under fem intensiva år till framställningen fick jag stöd från alla håll, vilket gjorde att "Signs of Swedish Roots in North America" till slut blev ett faktum.

Även om man mellan raderna kan utläsa en hel del om min resa, saknas de känslomässiga upplevelserna. Hur var det egentligen att resa omkring på landsbygden i Nordamerika? Vad hände när plånboken försvann i Chicago, samtidigt som bilen blev bortförd och ensamheten gnagde outhärdligt? Vilka känslor uppstod när chippewaindianen Frank Holmes satt mitt emot mig och sjöng "O Store Gud" på mitt eget modersmål? Upplevelserna var starka och ibland, nu när man ser tillbaka, helt otroliga. Nästa gång ska ni få läsa om hur detta uppdrag i själva verket blev slutfört.

SPRING OF 1987. *The sun was beating down on the little red Buick Skyhawk. I was 20 years old, excited, and on my way to North Dakota. Behind the wheel sat Arnstein, a big Norwegian with a passion for American sportscars.*

We had met in Wisconsin, where my stepfather lectured at La Crosse University. In an unfamiliar Nowegian dialect, Arnstein told me of his project to travel the area meeting Americans who still spoke his language. He intended to continue his research in North Dakota and, needing an assistant, asked me to come along. So, armed with a taperecorder, we started on a journey of 8,000 miles that would take us two weeks to complete.

On that special day, as the highway snaked through Minnesota and the little car struggled to the crest of each new hill, we came across a valley where a church and a few houses where hiding. We passed them so quickly that I had to turn in my seat to catch a glimpse of the roadsign. The town was named Vasa.

Six and a half years later, after a period working as an electrician, I started to study photography. My ambition was to travel and document my experiences. The roadsign had been etched in my memory and, with growing curiosity, I began to research the lives of the Swedish pioneers in the west. I came across the book "På Luffen i Nordamerika," (Tramping in North America), by Lasse Holmquist, and after reading the sentence: "A whole chapter could be devoted to all these places with Swedish names," my mind was made up. One more year of research and planning, and I was ready for my adventure.

SUMMER OF 1995. *Seventeen months, 30 US States, 8 Canadian Provinces later, I was back in Sweden. My mind was filled with the fabulous landscapes I had seen and the fascinating stories of the characters I had met. The Swedes in North America had become a part of me and by a strange coincidence, I arrived home to a jubilee celebration observing migration and immigration in Sweden's history. It had been 150 years since a group of pioneers from Sweden started the settlement at Bishop Hill, Illinois.*

Reading between the lines, it can be deduced that rather a lot more happened to me on my journey than can be documented here. What was it really like to travel through the countryside in North America? What happened when my wallet disappeared in Chicago and my car was towed away? How did it feel when a Native American of the Chippewa tribe sang "How Great Thon Art" to me in my mother tongue? My experiences were deeply affecting and, now when I look back, some of them seem almost unbelievable.

That this 'chapter' of Lasse Holmquist's was to become a whole book, was initially only a dream. From the moment when this idea was born and during the following five intense years to its completion, I have received enormous support from all directions. This is the reason why "Signs of Swedish Roots in North America" exists today.

Nikolas Werngren

Förutom de i boken tidigare nämnda, vill jag även tacka

Mormor Margit Werngren, Cecilia Werngren, Janet Werngren med familj, Jan Roslund med familj, Harry Granlund med familj, Lotta Carsbrant & Ragnar Andersson med familj, Kristina Carsbrant och övriga släktingar. Professor Ulf Beijbom, professor Olov Isaksson, Gösta Bjelkeborn, Albert Wiking med familj, Stefan Morin med familj, Peter Lilja med familj, Mats Olsson med familj, Andy Swärd med familj, Maria Henrikson med familj, Anna Nilsson, Johnny Ragazzo, Arne Holmgren, Sture Sundberg, Annica Larsson, Martin Dahlin, Stefan Svensson, Tina Celinder, Lena & Frank, Jeanette Kjell, Göran Persson, Jörgen Mathiasson, Dennis Jönsson, Thomas Jönsson, Anna Duran, Lisbeth Morin, Johan Boeryd, Niclas Sköld, Anders Lundegård, Mikael Erixon, Folkuniversitet i Malmö, Örtofta IS, Lena-Karin Erlandsson, Henrik Jönsson, Anders Karlsson och Sussane Salzgeber i Schweiz. Ni är alla en del av denna bok.

Besides those already mentioned in the book, I would also like to thank

*John "Jack" Heller and family and all the workers at the Swedish Seaman´s church in **New York**. Bill, Monica & Ekeysha Lee and Tom Sullivan in **New Jersey**. Erik Nix in **Connecticut**. Paddie Heath & Clara Press, Sven Johnson and David Galluccio in **New Hampshire**. Peter & Charlene Espling and Richard Hede in **Maine**. Professor Alan Winquist in **Indiana**. Erling Peterson in **Michigan**. Earl & LaVey Andersson, Professor Orlin Anderson, Deb & Tom in **Wisconsin**. Raymond Jarvi, Anders Lundegård and Selma & Hannah Jacobson in **Chicago**. Arlene Green, Roland & Jeff Olson, George Swank and David Paterson from other parts of **Illinois**. Milan Hanson in **Kansas City**. Max Palmer and his wife, Mervin & Rachel Berg and David Peterson in **Iowa**. Steven Witte, Mary Jurgensen, Jeanne Minnick, Bruce Karstadt, Christopher Olsson, Ruth McLaughlin, Roger Baumann, Barbro Roehrdanz, MidAmerica Bank, Sven Sjostedt in **Minneapolis**. Byron Nordstrom, Dean & Muriel Youngren, Robert Granitz and family, Alvin & Darlene Hanson, Abdon & Maude Lager, Silvia & Joycee Lisell, Bruce Falk, Harry Nyberg and family, Alvin & Darlene Hanson, Arne och Luella Erickson, Pastor Donald Homme, Hazel Melcer, Lyle & Elizabeth Johnston, The sisters Jean Martinson and Lois Donat and Wally Hultstrand from other parts of **Minnesota**. Dale & Gloria Beard and family, Larry Jensen in **North Dakota**. Ronald Johnson in **South Dakota**. Bob, Maurice & Joan Hendrickson, Edwin & Flossie Johnson and Duane & Marge Lindgren in **Nebraska**. Donald & Dorene Anderson, Vance & Louise Ehmke and family, Violet Liljegren and Charles & Mary Mattson and John Sundgren in **Kansas**. Ned, Dan Davis & Nancy Green, Hal Peterson, Sylvia Arvidson, Bengt & Margareta Gustafson, Todd Engdahl, Håkan Fransson and Roland Nilsson in **Denver**. Jeff Peterson and family, Paul Holmes and the "hotshots" Al, Steve & Dan from other parts of **Colorado**. Sara McKenzie and Jesse Hold in **Nevada**. Sean Moore in **California**. Richard Sommer in **Oregon**. Lars "Fiskis" Nilsson and family in **Seattle**. Ronald Holmlund and family, Jake Hermansen and family, Ralph Anderson, Gordon & Rose Kramer, Archie Olson, Lawrence Moseson, Millburn & Mae Jeffrey and Wally Breitkreuz in **Alberta**. You are all a part of "Signs of Swedish Roots in North America."*

Lästips

"Svenska namn på Amerikas karta" av Vilhelm Berger.

"Utvandrarna och Svensk-Amerikanerna", av Ulf Beijbom.

"I utvandrarnas spår", av Tell G. Dahllöf.

"Svensk-Amerika berättar", av Folke Hedblom.

"På luffen i Nordamerika", av Lasse Holmquist

Literature in English

"Swedish Place-Names in North America" by Otto R. Landelius.

"Swedes and Swedish Settlements in North America" by Helge Nelson.

"American Place-Names of Swedish origin" by E.Gustav Johnson. A thesis written in 1938.

"Place Names and Swedish Pioneers" by E. Gustav Johnson, in bulletin of the American Institute, Minneapolis Vol. V No 3 sept. 1950.

"The Study of American Place-Names of Swedish origin" by E. Gustav Johnson, in Covenant Quarterly, Nov. 1946.

"Scandinavien Place-Names in the American Danelaw" by Roy W. Swanson, in Sweden-American bulletin II(1929).

Other tips:
"A guide to Swedish Minnesota" by Emeroy Johnson.

S V E R I G E
S w e d e n

HÄRJEDAL

BOHUSLÄN

DALSLAND

32 35

34

VÄRMLAND

DALARNA

5

4

HÄLSING

2

36 38

33

3

41

GÄSTRIK-
LAND

VÄSTERGÖTLAND

39

17

VÄST-
MANLAND

6

37

18

NÄRKE

HALLAND

44 45

40

42

29

30

UPPLAND

7

25

27

SÖDER-
MANLAND

31

28

26

22

ÖSTER-
GÖTLAND

24

SMÅLAND

19

20 SKÅNE

23

Stockholm

1

24

22

BLEKINGE

21

43

GOTLAND

ÖLAND

W S N E

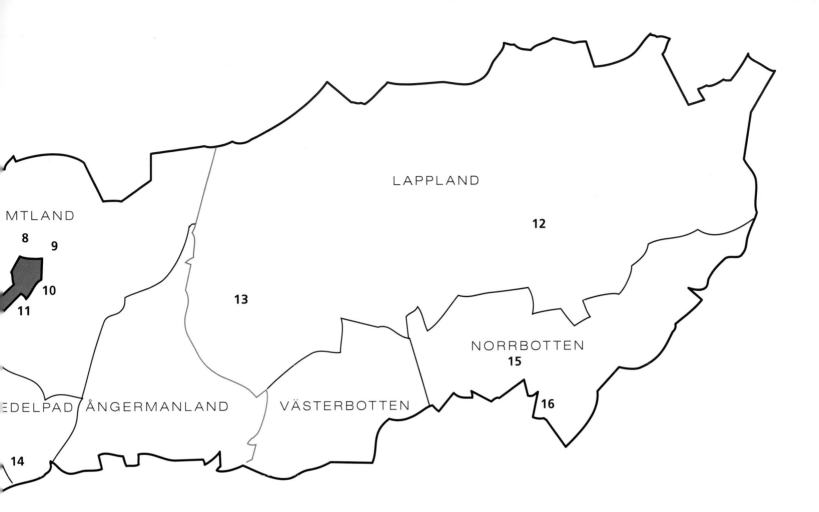

BLEKINGE	**10. Östersund**	**20. Malmo**	**34. Sunne**
1. Ronneby	**11. Sunne**		**35. Torsby**
		SMÅLAND	
BOHUSLÄN	**LAPPLAND**	**21. Kalmar**	**VÄSTERGÖTLAND**
2. Torsby	**12. Jokkmokk**	**22. Eksjo**	**36. Göteborg**
	13. Wilhelmina	**23. Komstad**	**37. Karlsborg**
DALARNA		**24. Ryssby (2 st.)**	**38. Fristad**
3. Falun	**MEDELPAD**	**25. Taberg**	**39. Älgarås**
4. Malung	**14. Nora**	**26. Villstad**	
5. Mora		**27. Vista Härad**	**VÄSTMANLAND**
	NORRBOTTEN		**40. Arboga**
GÄSTRIKLAND	**15. Boden**	**UPPLAND**	**41. Kloten**
6. Gävle	**16. Karlsborg**	**28. Alsike**	**42. Västerås**
		29. Biskopskulla	
HALLAND	**NÄRKE**	**30. Dannemora**	**ÖLAND**
7. Varberg	**17. Nora**	**31. Upsala**	**43. Borgholm**
	18. Säbylund		
JÄMTLAND		**VÄRMLAND**	**ÖSTERGÖTLAND**
8. Alsen	**SKÅNE**	**32. Fryksände**	**44. Boxholm**
9. Offerdal	**19. Lund**	**33. Karlstad**	**45. Motala**